(Couverture la Couverture)

NOUVELLE BIBLIOTHÈQUE CLASSIQUE
DES ÉDITIONS JOUAUST

AGRIPPA D'AUBIGNÉ

LES TRAGIQUES

PUBLIÉS

Avec Étude, Additions et Notes

PAR

CHARLES READ

TOME PREMIER

PARIS
LIBRAIRIE DES BIBLIOPHILES
E. FLAMMARION SUCCESSEUR
Rue Racine, 26, près de l'Odéon

D'AUBIGNÉ

—

LES TRAGIQUES

AGRIPPA D'AUBIGNÉ

LES TRAGIQUES

ÉDITION NOUVELLE

*Publiée d'après le manuscrit conservé parmi les papiers
de l'auteur*

AVEC DES ADDITIONS ET DES NOTES

PAR

CHARLES READ

TOME PREMIER

PARIS

LIBRAIRIE DES BIBLIOPHILES

E. FLAMMARION SUCCESSEUR

Rue Racine, 26 (près de l'Odéon)

AVANT-PROPOS

> Si jamais l'on pouvait en idée personnifier un siècle dans un individu, d'Aubigné serait, à lui seul, le type vivant, l'image abrégée du sien.
> SAINTE-BEUVE.

I

ÊME *avant de voir le jour, certains livres ont leur destin : habent sua fata... Celui-ci est, pour sa part, un des témoins, une des victimes de la funeste année 1870-71, de notre guerre étrangère et de notre guerre civile. La première l'a arrêté au début de l'impression et a sans doute avancé la mort de l'éminent écrivain qui devait être le parrain*

*de cette édition des Tragiques. La seconde l'a
menacé dans son achèvement même ; car les désas-
treux incendies qui, en découronnant Paris, ont
rendu la Commune à jamais exécrable, ont anéanti
le cabinet et les travaux posthumes de ce premier
éditeur ; et ils n'ont pas épargné non plus celui qui
écrit ces lignes : en un mot, peu s'en est fallu que
tout ce qui devait permettre la continuation de
l'œuvre ne fût englouti en même temps.*

*Né dans de telles conjonctures, notre volume
peut, en quelque sorte, se faire à lui-même l'appli-
cation de certains vers de l'auteur des Tragiques, et
dire avec lui :*

> J'ai vu. . . . . la France affolée. . .
> Voicy le reistre noir foudroyer au travers
> Les masures de France... Et de doctes brigands...
> . . . . Et le furieux vice
> Et le meurtre public sous le nom de justice...
> Les temples, hospitaux, pillés et outragés,
> Les collèges détruits par la main ennemie
> Des citoyens esmus. . . . .

Il peut dire, hélas ! qu'il a vu, lui aussi,

> . . . . Eschauffer la bestise civile
> A fouler sous les pieds tout l'honneur de la ville...
> Piper les foibles cœurs du nom de liberté...
> Courir la multitude aux brutes cruautez...
> Moins propre à guerroyer qu'à la fureur civile...

Qu'il a été, une fois de plus, appelé

> A juger quelle beste est un peuple sans bride..

AVANT-PROPOS

Et il peut s'écrier avec une amère douleur :

O France désolée ! ô France sanguinaire !
Non pas terre, mais cendre ! . . . . .
Tu donnes aux forains (à l'étranger) ton avoir qui s'esgare !

Comment se défendrait-on aujourd'hui de tels rapprochements ?

Car nos yeux sont tesmoings du subject de nos vers.

Est-ce, en effet, pour son temps seulement que d'Aubigné semble avoir écrit :

Vous ne semez que vent en stériles sillons,
Vous n'y moissonnerez que volants tourbillons,
Qui, à vos yeux pleurants, folle et vaine canaille,
Feront pirouëtter les esprits et la paille !

Et n'a-t-il pas été plus prophète, en vérité, qu'il ne voulait l'être, lorsque, maudissant Catherine de Médicis et sa fastueuse création des Tuileries, il prédisait ces sombres destinées :

. . . des os et des charbons,
Restes de ton palais et de ton marbre en cendre,

associant encore ici, comme par une sorte de pronostication fatidique, le fatal reistre noir à ces prodigieuses catastrophes, qui n'étaient que trop réellement réservées à nos jours ?

Enfin, peut-on lire sans une impression de rage et de honte rétrospective des vers tels que ceux-ci, qui semblent dater d'hier :

Après se vient enfler une puissante armée,
Remarquable de fer, de feux et de fumée,
Où les reistres, couverts de noir et de fureurs,
Départent des François les tragiques erreurs [1]...

II

M. Prosper Mérimée et M. Ludovic Lalanne, en publiant leurs éditions nouvelles des Aventures du baron de Fœneste *(1855) et des* Tragiques *(1857), regrettèrent de n'avoir pu obtenir communication des manuscrits de d'Aubigné, conservés chez M. le colonel Tronchin, près de Genève. En effet, M. Tronchin, plein d'obligeance d'ailleurs, ne se souciait guère, à cette époque, de mettre ses précieuses archives à la disposition des chercheurs, dont il appréhendait quelque peu la curiosité indiscrète, surtout en ce qui touchait les papiers de d'Aubigné et ceux du célèbre docteur Tronchin, l'ami de Voltaire, parfois sujets à caution* [2].

Toujours est-il que, quelques années après, en 1863, je fus plus heureux. Je reçus à Bessinges, près

---

1. Voir, pour tous ces vers, *passim*, tome I, p. 40, 45, 50, 60, 72, 169 et tome II, p. 60, 70, 72, 79, 81, 168, 171.
2. C'est ce que nous avait affirmé M. Sayous, qui d'ailleurs connaissait ces papiers, ayant été exceptionnellement admis à les consulter.

Genève, dans cette belle propriété du colonel Tronchin où sont soigneusement gardées ses archives de famille, et le meilleur accueil et la plus complète communication des papiers de d'Aubigné. Dès lors, il me fut permis de publier pour la première fois un inventaire exact de ces documents (Bull. de la Soc. d'Hist. du Protest. franç., XII, 465).

Lorsque, en 1869, MM. Mérimée et Jouaust eurent formé le projet de donner une nouvelle édition des Tragiques, je fus prié par eux de voir, dans un voyage que je faisais alors à Genève, s'il me serait possible de leur procurer une révision du texte imprimé, faite sur le manuscrit de Bessinges. L'autorisation me fut gracieusement accordée et, comme je n'avais pas le loisir d'en profiter moi-même, M. Theremin voulut bien, avec une rare obligeance, se charger d'accomplir cette tâche longue et minutieuse. Il s'en est acquitté avec un soin et une promptitude dont nous ne saurions assez le remercier.

Dès le mois d'avril 1870 on put mettre sous presse et M. Mérimée qui réservait ses annotations pour la fin, avait déjà reçu les cinquante-six premières pages du présent volume, lorsque le fléau d'une guerre insensée vint tout à coup précipiter notre pays dans l'abîme des barbaries et des calamités. C'en était donc fait pour longtemps de semblables travaux. Cedat toga armis !... M. Mérimée, déjà bien malade, quitta Paris le 11 septembre, pour gagner Cannes, où sa santé l'obligeait à chercher chaque hiver un refuge. Ses jours étaient comptés, et il ne se faisait aucune illusion. Il succomba en arrivant, le 23 septembre, et le siège de Paris, qui avait commencé le 19, ne nous permit d'apprendre sa mort que trois mois après, par un de ces journaux de Londres qui nous parvenaient irrégulièrement et longtemps après leur date.

Heureux ceux à qui il a été donné de terminer leurs jours à temps pour ne pas assister à ce spectacle navrant de nos misères ! Comme si ce n'eût pas été assez des douleurs et des humiliations que nous avait infligées ce lugubre siège de notre capitale, — siège conduit Dieu sait comme ! et avec quelle funeste infatuation ! — il fallut y ajouter les hontes et les épouvantements d'une autre guerre, — plus quam civile, — d'un second siège, dont l'histoire serait, certes, une page digne de la plume vengeresse de l'auteur des Tragiques !...

III

Pacis artes colere inter Martis incendia : chose malaisée ! comme le dit d'Aubigné lui-même au début de ses Mémoires. Si pourtant un ouvrage se *trouvait approprié à de pareilles circonstances, c'était bien celui dont les tableaux portaient ces titres d'une sinistre actualité* : Misères, — Princes, — Chambre dorée, — Feux, — Fers, — Vengeances, — Jugement ! *N'étaient-ce pas là, en effet, comme les rubriques du cycle infernal que nous venions de traverser ?*

J'en fus frappé lorsque M. Jouaust, voulant reprendre le travail interrompu, me demanda de donner mes soins à cette édition. Ainsi que je l'ai déjà dit plus haut, la maison de la rue de Lille où demeurait M. Mérimée n'était plus, le 26 mai 1871, qu'un monceau de cendres : sa belle bibliothèque d'érudit et fin connaisseur, qu'il avait léguée à l'Institut, ses riches collections, ses manuscrits, ses correspondances inédites de Victor Jacquemont et de Stendhal, tout était anéanti ! Les matériaux qu'il avait préparés pour l'annotation des Tragiques, et auxquels j'avais moi-même apporté ma petite part, avaient eu le même sort. De mon côté, avec l'Hôtel de ville, entièrement dévoré par les flammes, j'avais vu disparaître, non seulement tous les services si précieux que j'avais à diriger : — Travaux historiques, — Archives, — État civil, — Bibliothèque, — Collections de toutes sortes, *destinées au musée municipal de l'Hôtel Carnavalet,* — *mais aussi mon propre cabinet, situé au coin de l'avenue Victoria, et tout ce qu'il renfermait de livres, d'objets, de* papiers m'appartenant, parmi lesquels se trouvaient bien des notes bibliographiques et philologiques, relatives à d'Aubigné, qui me font faute aujourd'hui !...

Le principal restait, mais restait seul : c'est-à-dire la copie de notre volume, qui par bonheur était demeurée à l'imprimerie, et dont sept demi-feuilles (soit 56 pages) se trouvaient déjà tirées. C'est donc là que j'ai commencé ma tâche de réviseur, en suivant les errements qui avaient été adoptés par MM. Mérimée et Jouaust. Chemin faisant, j'ai examiné de près les antécédents des Tragiques, recherché les éclaircissements et les améliorations que comportait notre édition nouvelle.

IV

D'Aubigné avait son poème « depuis trente-six ans et plus » sur le métier, et il ne l'avait pas, tant s'en faut, tenu secret, lorsqu'il se décida en 1616 à le publier, sous le voile d'un anonyme transparent et avec l'aide d'une petite ruse littéraire qui ne devait tromper personne. Il supposa un abus de confiance d'un sien serviteur, « le larron Prométhée », lequel expose, dans un Avis aux Lecteurs, que s'il a dérobé son maître, c'est afin de faire bénéficier le public de son larcin, en ôtant les Tragiques de dessous le boisseau où ledit maître les tenait depuis trop longtemps. Cette première édition est petit in-4, et il est probable qu'elle fut faite à Maillé, comme celle de l'Histoire universelle. En voici le titre :

LES

TRAGIQVES

DONNEZ AV PVBLIC PAR

le larcin de Promethée.

AV DEZERT,

PAR L. B. D. D.

M. DC. XVI.

Je ne vois nulle part que l'on ait remarqué et expliqué ces quatre initiales L. B. D. D., derrière lesquelles notre auteur se cache... et se cupit ante videri. L'explication que j'en ai trouvée me semble d'autant plus incontestable qu'elle m'a été fournie par d'Aubigné lui-même. C'est lui, en effet, qui nous dit dans ses Mémoires (à l'année 1590) qu'à l'assemblée de Chatellerault « toutes les aigreurs et duretez lui furent imputées, et qu'on l'appela le Bouc du dezert, parce que tous deschargeoint leurs haines sur lui ». Le Bouc Du Dezert, tel est le surnom sous lequel il se désigne encore ici lui-même, et que confirme d'ailleurs le nom de lieu supposé : Au Dezert.

La préface de cette première édition en promettait dès lors une seconde avec des compléments. L'auteur la donna quelques années après, petit in-8, mais sans date ni lieu d'impression, et il y mit son nom :

LES
TRAGIQVES

CI-DEVANT
DONNEZ AV PVBLIC

par le larcin de Prométhée.

Et depuis
AVOVEZ ET ENRICHIS

par le Sr d'Avbigné.

*

Cette édition, devenue beaucoup plus rare que la première, est comme elle en caractères italiques. Elle a 333 pages et 16 feuillets non paginés, qui *contiennent, outre l'*Avis aux lecteurs *et la* Préface en vers, *trois sonnets et un remplissage final en prose. Il y a environ* 400 *vers nouveaux intercalés çà et là dans les sept livres, et le poème compte ainsi* 9,264 *vers*[1].

V

On ne connaît que ces deux éditions. Cependant la Bibliotheca exotica *de Georges Draud, publiée à Francfort en* 1625, *mentionne une* SECONDE ÉDITION, *avec augmentation d'une quarte part, remplacement des lacunes de la précédente et plusieurs pièces notables adjoustées. A Genève, chez les héritiers et vefve de Pierre de la Rovière,* 1623. *La* Bibliotheca exotica *est une compilation des catalogues de librairie des foires de Francfort.*

On s'est demandé si ce ne serait pas là une troisième édition, ou si ce titre, pris sur un prospectus

---

1. M. Lalanne en a compté 8,972 (y compris les 414 de la préface en vers), mais, d'après le décompte qu'il fait des sept Livres, il y aurait erreur pour le Livre III, lequel a 1,089 et non 390 vers. — Voici les chiffres, d'après notre manuscrit : I. *Misères*, 1,380. — II. *Princes*, 1,530. — III. *Chambre dorée*, 1,044. — IV. *Les Feux*, 1,416. — V. *Les Fers*, 1,564. — VI. *Vengeances*, 1,122. — VII. *Jugement*, 1,218. — Total : 9,274. (V. aux *Notes*, p. 186.)

Les Tragiques. — T. I.

ou catalogue de libraire de 1623, ne désignerait pas tout bonnement la seconde édition, celle (sans date) qui vient d'être indiquée. Cela ne nous paraît pas faire doute : ce n'est point le relevé d'un titre, c'est une simple annonce de librairie, qui se rapporte à l'édition sans date, et qui nous apprend (ce que son titre nous laissait ignorer) : le lieu d'impression (Genève), le libraire (Pierre de la Rovière), et l'année (1623).

Qui sait, après tout, si l'on ne découvrira pas quelque jour un exemplaire inconnu de cette même seconde édition, portant exactement le titre libellé ci-dessus ? En d'autres termes, qui sait si la seconde édition n'a pas eu deux titres : 1° celui (sans date) que portent les exemplaires jusqu'ici connus ; 2° celui qui aurait été porté tel quel au catalogue transcrit par Georges Draud (1623) ? Voici un fait qui peut autoriser cette conjecture :

On ne connaissait jusqu'ici qu'une édition des Petites Œuvres meslées de d'Aubigné ; on n'en avait du moins signalé que des exemplaires de 1630. Or, je viens de constater de visu qu'il y a eu de cette même édition un premier tirage, ou du moins une première émission d'exemplaires, avec un titre différent et portant la date de 1629. Cette première émission aura eu lieu avant la mort de d'Aubigné ; puis le titre aura été modifié l'année suivante. L'exemplaire de ce premier tirage qui nous permet de faire cette constatation instructive appartient à la Bibliothèque de Zurich : en existe-t-il d'autre? Ce qu'il y a de plus singulier encore, c'est que le titre porte : Second Recueil | des | PETITES | ŒVVRES | du | S^r d'Aubigné. | A Genève, | chez Pierre Aubert, | Imprimeur Ordinaire de la Républi | que et Académie. | M. DC. XXIX. — Second recueil ! tandis qu'il n'en avait pas paru de premier. C'est encore là une de ces surprises familières à d'Aubigné, et peut-être est-ce à cause de cela qu'on jugea à propos de substituer à ce titre celui-ci, qui était seul connu : Petites | ŒVVRES | Meslées | du | sieur d'Aubigné. | Le contenu desquelles se void és pages sui | vantes la Préface. | A Genève | Chez Pierre Aubert. | Imprimeur Ordinaire de la Republi- | que et Académie | M. DC. XXX. | Avec permission et privilege.

Cette constatation explique enfin l'article du troisième inventaire dressé après la mort de d'Aubigné, où les Petites-Œuvres sont désignées sous le titre de Second Recueil du S^r d'Aubigné, qui n'avait pu être compris jusqu'ici, et prouve en outre que le volume fut imprimé du vivant de d'Aubigné, et non par les soins des héritiers, comme on le croyait. (V. Sayous, II, 236, et Heyer, p. 42 et 49.)

Quant à une certaine lettre de Guy-Patin, demandant le 10 mars 1654, qu'on lui envoie « les Tragiques de M. d'Aubigné, depuis peu réimprimés à Genève, in-8 », il me paraît hors de doute qu'il s'agit encore ici de cette même seconde édition, qui, étant sans date, a pu fourvoyer plus d'une fois et pendant assez longtemps les amateurs. Ce qui est sûr, c'est que cette soi-disant réimpression n'a jamais été signalée[1].

VI

Un point moins facile à éclaircir, au premier abord, c'est celui de savoir si d'Aubigné eut ou n'eut pas la pensée de donner une troisième édition, et si le manuscrit transmis à ses héritiers, et que nous publions, eut ou non cette destination. On remarquera d'abord qu'il porte à la première page cette mention que l'on a pris soin de reproduire sur notre titre : Donné à l'imprimeur le 5 aoust, qui, si elle était complète, devrait trancher la question. Mais à quelle année la rapporter, et, partant, de quelle édition s'agirait-il? A-t-elle vu le jour? L'état du manuscrit ne laisse guère supposer qu'il ait passé par les mains des compositeurs d'imprimerie. Enfin l'examen du texte même exclut l'idée qu'il ait pu

---

[1]. La *Bibliothèque historique* de Lelong et Fontette fourmille d'erreurs dans ses articles sur d'Aubigné. Elle compte, sans y regarder, *cinq* éditions des *Tragiques*.

servir à imprimer soit une troisième, *soit la* seconde *édition ; car on verra que, s'il renferme des additions et des variantes, au fond c'est la leçon primitive, le premier jet de l'auteur qui subsiste, tel que dans l'édition de* 1616. *D'où il faut conclure, ou qu'il y serait revenu en détail, en préparant sa troisième édition, — ce qui n'est guère admissible, — ou qu'il avait écrit la susdite mention à titre de simple memento sur son manuscrit, tandis qu'il envoyait une copie différente de ce manuscrit à son imprimeur; soit pour la première, soit pour la seconde édition. Ce qui rend cette dernière hypothèse assez plausible à nos yeux, c'est qu'une feuille volante, qui s'y trouve jointe et qui contient des errata et addenda, renvoie aux pages de l'édition de* 1616, *et que ces errata et addenda ont effectivement servi pour l'édition de* 1623.

Toujours est-il qu'on lit dans le testament olographe de d'Aubigné, en date du 24 avril 1630 :
« ..... Je recommande à mes amis... la réim-
« pression de mes Tragiques et autres (manuscrits),
« s'ils le trouvent à propos. Et, quant aux mille
« exemplaires qui sont à Rolle, je désire qu'ils
« soient vendus, et leur prix mis à ma succession,
« hormis deux cents desquels je fais don par moitié
« à M. Tronchin et à La Fosse (son fils Nathan),
« à chacun cent. »

Ainsi il n'avait point fait, mais il souhaitait que

ses amis fissent, à l'aide de notre manuscrit, une réimpression de ses Tragiques. Ils ne jugèrent pas à propos de réaliser ce vœu[1]....

VII

La troisième *édition* (magno proxima intervallo) *est donc bien celle que M. Lud. Lalanne a donnée en* 1857 *dans la Bibliothèque Elzevirienne de Jannet, après avoir consacré près de deux années à établir son texte sur les deux éditions publiées du vivant de l'auteur, et à l'accompagner de notes historiques et philologiques. C'était là un travail ardu, considérable, et dont l'accomplissement fut un grand service rendu à notre littérature, au public et aux futurs éditeurs des* Tragiques. *Car la difficulté extrême que l'on avait à se procurer ce poëme*

---

1. Le 28 mai 1630, les commissaires chargés de « visiter les escripts de feu M. d'Aubigné rapportent... qu'ils n'ont point trouvé ce qu'il a augmenté de ses *Tragiques*, et madame sa vefve leur a dit qu'elle les avoit, et que le défunct les luy avoit donnés pour les envoyer à son frère à Londres » (Philippe Burlamacchi, établi en Angleterre). (Heyer, *D'Aubigné à Genève*, notice et documents inédits. Genève, 1870, In-8, p. 49.)

Cet envoi a-t-il été fait ? Oui, puisque le volume est conservé aujourd'hui au British Museum. (Voir aux *Notes*, p. 185, les renseignements que nous donnons à ce sujet.)

et celle que l'on éprouvait à sa lecture en faisaient, pour ainsi dire, une lettre morte ; et c'était certes grand dommage, puisque d'Aubigné mérite d'être placé, comme le dit M. Lalanne, au premier rang parmi les prédécesseurs des grands écrivains du xviie siècle.

VIII

Ainsi, l'édition que nous avons entrepris de mettre sur pied est la quatrième. Elle donnera satisfaction aux connaisseurs, pour qui l'existence d'un manuscrit laissé par l'auteur, et encore inexploré, était un desideratum fâcheux ; car ce n'est pas pour eux qu'a été fait le dicton : ignoti nulla cupido. — Non que ce manuscrit ait apporté à notre texte des changements d'une grande importance, mais il nous a fourni, en bien des cas, une lecture meilleure, et par conséquent un éclaircissement naturel de certains mots mal déchiffrés et estropiés dans les éditions antérieures. Parfois aussi, il faut bien le dire, il risquait de nous induire en erreur, si nous n'avions pris garde, car c'était l'imprimé qui avait raison contre le manuscrit. Tant la correction était et est chose chanceuse avec un auteur tel que celui des Tragiques ! Tant l'écriture et l'orthographe *étaient chez lui également fantasques ! Son Histoire universelle est là pour montrer quels furent les fruits habituels de cette incurable irrégularité*[1].

Je n'ai pas cru devoir recommencer le labeur d'annotation de M. Lalanne : en venant après lui,

---

[1]. « Pour tout dire, les *Tragiques*, dit M. Sayous, ne ressemblent pas mal à un livre qu'auraient imprimé des ouvriers inintelligens, sur un manuscrit inintelligible. » M. Sainte-Beuve avait déjà touché juste en expliquant de la même façon les étrangetés de ce poëme. « Il faut bien avouer, ajoute M. Sayous, que l'édition de 1623, imprimée à Genève sous les yeux de l'auteur, revue et augmentée par lui, n'est guère plus débarbouillée que celle de 1616. » — Et ailleurs : « D'Aubigné ne pouvait souffrir l'épreuve d'une seconde lecture, et cela suffit pour expliquer les périodes empêtrées, les ellipses inouïes, les digressions, les sens rompus et mal renoués qui font souvent de telle de ses pages un dédale inextricable au milieu duquel la pensée fuit, échappe à la vue et disparaît quelquefois pour ne plus reparaître. Mais un peu plus loin, et même au plus épais du labyrinthe, on retrouve tout à coup le poëte avec son vers d'airain, ses hardies et fortes images, son trait de feu et ses coups de massue. »

Il faut croire que d'Aubigné avait été vertement critiqué au sujet de ses nombreuses incorrections, car en tête des *Petites Œuvres meslées*, le dernier de ses livres et le mieux imprimé de tous (il le fut à Genève en 1629, quelques mois avant sa mort, comme nous l'avons établi), il a placé ce quatrain significatif :

AUX CRITIQVES.

Correcteurs, je veux bien apprendre
De vous, je subiray vos loix,
Pourvu que pour me bien entendre
Vous me lisiez plus d'une fois.

on est désormais et nécessairement son tributaire. Je me suis attaché de préférence à rectifier quelques erreurs, à commenter quelques passages non expliqués, à compléter certains rapprochements. Le système adopté de notes renvoyées à la fin du volume ne se prêtait pas d'ailleurs, comme celui des notes au bas des pages, à un commentaire courant et à beaucoup de détails. Or, avec un auteur comme d'Aubigné, il faut se retenir pour ne pas annoter à outrance.

Ce poëme étrange des Tragiques, si plein de vie et de grandeur, a, pour la postérité surtout, un double inconvénient : c'est, d'une part, un certain manque de clarté, qui est dans le dessein de l'auteur ; d'autre part, une forme tout à fait personnelle, énigmatique, tantôt à force de surabondance et de prolixité, tantôt à force de concision.

J'évite d'être long, et je deviens obscur.

En outre, la composition pèche sous le rapport de l'unité et de la suite ; il y règne une sorte de confusion, provenant en partie des nombreux et successifs remaniements faits à de longs intervalles : c'est un va-et-vient d'idées et de faits similaires, au milieu desquels on se noie. Il m'a donc paru que je ferais une chose éminemment utile, et pour moi-même et pour nos lecteurs, si je dressais des sommaires qui permissent de saisir et de suivre le sujet sans désemparer. La lumière jetée sur l'ensemble de l'ouvrage en éclairerait en même temps les détails. J'ai donc fait de chacun des sept livres une analyse assez développée, dans laquelle je me suis appliqué à me servir çà et là, autant que possible, du texte même de l'auteur.

IX

Quant au plan général, d'Aubigné a pris soin de nous le faire connaître dès la première édition, en l'exposant aux lecteurs par la plume de son prétendu larron de serviteur.

Les sept livres, « dont les titres sont comme autant de menaces ou d'énigmes », ont, dit-il, entre eux un lien commun, celui « des effets et des causes ».

I. MISÈRES : « tableau piteux du royaume en général », des calamités et des guerres civiles qui le désolent.

II. PRINCES : ce sont eux, ce sont leurs vices et déportements qui ont amené ces calamités et guerres civiles. L'auteur les traite en conséquence, avec la liberté de langage qui lui est propre.

III. LA CHAMBRE DORÉE : c'est-à-dire la Justice, source de toute injustice et de toute corruption, autre cause et instrument des misères.

IV. LES FEUX : *peinture des persécutions exercées contre les partisans de la réforme religieuse.*

V. LES FERS : *où l'auteur retrace les épreuves temporelles et les triomphes célestes des religionnaires.*

VI. VENGEANCES : *tableau des châtiments infligés ici-bas par Dieu aux persécuteurs de son Église.*

VII. JUGEMENT : *peinture des châtiments qui leur sont réservés après leur vie, ainsi que des béatitudes célestes : tableau de la fin du monde et du jugement dernier.*

D'Aubigné a été au-devant du reproche qu'on pourra lui faire de « passion partizane » : il avoue qu'il a voulu « esmouvoir ». — « Nous sommes ennuyés des livres qui enseignent, se fait-il dire; donnez-nous-en pour esmouvoir. » Et ainsi a-t-il fait. Il est incontestable qu'il a déployé une rare vigueur pour atteindre son but et qu'il y a réussi.

X

En lisant les Tragiques, on est étonné des traits originaux et éclatants, des germes de grandes beautés que l'on y rencontre fréquemment. Comme l'a très-bien dit M. Lalanne, on sent que le grand siècle n'est pas encore venu, mais on sent qu'il va venir. De bons juges ont placé notre auteur, comme prosateur original et pittoresque, très-près de Saint-Simon, qu'il annonce. Il est de la bonne école, il est Rabelaisien, dit M. Heyer, c'est-à-dire franc-gaulois, ainsi qu'il s'est qualifié lui-même.

Il faut remarquer que, bien que le xvi° siècle eût pris fin et que Malherbe fût venu lorsque d'Aubigné publia son poëme, il appartient essentiellement, comme poëte, au siècle de Ronsard, son maître, et ce serait un véritable anachronisme, comme l'a fait observer, M. Sainte-Beuve, que de le ranger, à sa date, parmi les écrivains du xvii° siècle, tant il avait conservé la vigueur et le langage de sa jeunesse : il écrivit jusqu'au bout, comme il s'était battu, à la vieille huguenotte.

D'Aubigné, c'est en quelque sorte un Ennius de notre littérature, et, à voir certains rapprochements, certaines affinités singulières, on est tenté de croire que plusieurs de nos grands écrivains ont trouvé dans son fumier plus d'une perle dont ils ont fait profit, à moins que ce ne soient là de ces heureuses rencontres des beaux esprits.

Déjà, et à propos de ces fières paroles que l'auteur des Tragiques met dans la bouche de la Fortune (t. I, p. 132, v. 23 et suiv.) :

Es-tu point envieux de ces grandeurs romaines ?...

M. Sayous a remarqué qu'en faisant son propre portrait, d'Aubigné « a fait du même coup celui de ce grand Corneille, qui lui ressemble par moment : tous deux ayant même force de pensée et même audace de grand cœur. » Combien de ses vers, combien de ses mots, semblent, en effet, échappés de la plume de l'auteur du Cid, jusqu'à celui-ci qu'on a cru de l'invention de Corneille, et que nous trouvons déjà créé par le poëte des Tragiques (t. II, p. 41) :

Le mal gaigne le corps, prend l'esprit *invaincu*[1].

Et ne le croirait-on pas de Corneille aussi cet autre vers, d'une si superbe ironie, et qui est frappé

---

1. « C'est un vers merveilleux que celui de d'Aubigné à ses meilleurs moments. On entend déjà Corneille, sujet comme lui à ces contrastes d'obscurité et de lumière. » (*Sayous.*) — Ce vers merveilleux (ainsi que l'a fait ressortir Sainte-Beuve, dès 1828) c'est l'alexandrin, « l'alexandrin franc et loyal, comme l'appelle Victor Hugo. » (*Tableau hist. et crit. de la poésie franç.*, etc., p. 183.)

Sainte-Beuve avait gardé dans sa mémoire beaucoup de ces vers si hardis des *Tragiques* « qu'il qualifiait tout simplement de *sublimes,* » entre autres celui-ci, au sujet de la Saint-Barthélemy et « de cette buée de sang qui s'exhale des carnages » :

A l'heure que le ciel fume de sang et d'âmes...

Il le cita encore avec une grande admiration dans une de de ses dernières *Causeries*, celle du 20 avril 1869, sur Mme Desbordes-Valmore.

comme une médaille historique à fleur de coin (t. I, p. 121) :

Ce n'est qu'un coup d'Estat que d'estre bien parjure !

Ailleurs (t. II, p. 112), *ce sont de véhémentes imprécations, rappelant celles de* Camille.

Et ces autres vers si cornéliens :

Je voy ce que je veux, et non ce que je puis.
(Tome I, p. 91.)

La gloire qu'autruy donne est par autruy ravie ;
Celle qu'on prend de soy vit plus loing que la vie.
(Tome I, p. 141.)

Mais peut-être sera-t-on plus surpris encore des rapports que l'on observe entre d'Aubigné et notre Virgile français, le doux et harmonieux Racine, parce que là ils sont plus imprévus, plus invraisemblables. Et il ne s'agit pas ici seulement de l'auteur d'Esther et d'Athalie, puisant son inspiration, comme l'auteur des Tragiques, aux grandes sources bibliques, tous deux y trouvant, avec le même souffle, une phraséologie et une éloquence frappantes d'analogie : témoin leurs invectives contre les « détestables flatteurs » et l'aveuglement des rois ; les stances qui terminent la Chambre dorée ; la mort de Jézabel ; la peste et la faim :

Changeant la terre en fer et le ciel en airain.

Il s'agit de l'auteur des Plaideurs rencontrant, lui

aussi, par anticipation, dans la Chicane de la Chambre dorée, *le formidable et si comique dénombrement de son* Chicaneau *(acte I, sc. 7)* :

> Tout interlocutoire, arrest, appoinctement
> A plaider, à produire un gros enfantement
> De procez, d'interdits, de griefs ; un compulsoire,
> Puis le desrogatoire à un desrogatoire,
> Visa, pareatis, replicque, exceptions,
> Révisions, duplicque, objects, salvations,
> Hypotecques, etc. (Tome I, p. 180.)

En maint autre endroit, d'Aubigné, qui dit quelque part : Deschaussons le cothurne, et rions... *a aussi quelque chose de l'accent incisif de notre grand Molière* (t. I, p. 98) :

> Nos anciens, amateurs de la franche justice,
> Avoient de fascheux noms nommé l'horrible vice :
> Ils appelloient brigand ce qu'on dit entre nous
> Homme qui s'accommode. . . . .
> Ils tenoient pour larron un qui faict son mesnage,
> Pour poltron un finet, qui prend son advantage...

Et ailleurs :

> Vous estes compagnons du mesfait, pour vous taire.

Il n'est pas jusqu'à Despréaux, son antipode, qui ne prête à un rapprochement avec notre auteur. Sa fameuse image du Rhin : Au pied du monde Adule, *rappelle la vision du* Vieillard Océan, *au livre V des* Tragiques (t. II, p. 109).

Enfin, nos modernes, nos contemporains, qui ont,

et non sans raison, rendu hommage au vieux Ronsard, semblent n'avoir pas dédaigné de saluer aussi et d'étudier son fidèle disciple. Ils ont goûté sa libre et verte allure, sa facture dégagée et cavalière. On a déjà fait observer que la fin du livre II (Princes) *se retrouve dans les vers de Victor Hugo :*

> Car lorsque l'aquilon bat ses flots palpitans,
> L'océan convulsif tourmente en même temps
> Le navire à trois ponts qui tonne avec l'orage
> Et la feuille échappée aux arbres du rivage.

Et que le prologue des Iambes *d'Auguste Barbier rappelle ce début* (t. I, p. 92) :

> Ce siècle, autre en ses mœurs, demande un autre style.

Les mêmes idées naissent des mêmes situations. Mais ne pense-t-on pas malgré soi à certaines virulentes tirades du drame Le Roi s'amuse, *quand on lit* (t. I, p. 97) *ces vers :*

> Vous estes fils de serfs, et vos testes tondües
> Vous font resouvenir de vos meres vendües.

et surtout ceux-ci (p. 164 du t. II) :

> Vous leur avez vendu, livré, donné en proye
> Ame, sang, vie, honneur ! Où en est la monnoye ?...

« *Vous avez* », *dit M. de Saint-Vallier,*

> Terni, flétri, souillé, deshonoré, brisé,
> Diane de Poitiers, comtesse de Brézé !

Et Triboulet .

> ... Au milieu des huées,
> Vos mères aux laquais se sont prostituées !

Mêmes sentiments, mêmes procédés d'expression. D'Aubigné avait dit, au livre des Princes *(t. I, p. 140, v. 25), en parlant de l'amiral Coligny, dont le fils avait abjuré et changé de parti entre les mains des ligueurs :*

> Il vid plus, sans colere, un de ses enfans chers,
> Degeneré, lecher les pieds de ses bouchers.

Et encore :

> Je vous en veux à vous, apostats degenères,
> Qui lechez le sang frais tout fumant de voz peres
> Sur les pieds des tueurs !...
> (Tome II, p. 165, v. 11.)

Le poëte des Châtiments *a écrit à son tour :*

> Prosternez-vous devant l'assassin tout-puissant,
> Et léchez-lui les pieds, pour effacer le sang ! (Nox.)

D'Aubigné a eu manifestement, on le voit, sa part d'influence dans le mouvement qui a, d'une façon si heureuse, régénéré les lettres françaises, il y a un demi-siècle. Il a beaucoup prêté aux poëtes de notre temps : c'était prêter à des riches.

Et ce n'est pas par les beaux côtés seulement que nos poëtes d'aujourd'hui rappellent notre auteur huguenot, c'est aussi par ses défauts, tels que métaphores et antithèses baroques, hyperboles et jeux de mots puérils, accumulations bizarres, accouplements de termes, que l'on donne pour des nouveautés hardies, et qui ne sont que des archaïsmes. C'est ce qu'a, entre autres, très-bien fait ressortir un de nos meilleurs critiques, un de ceux qui ont le mieux apprécié d'Aubigné, Eug. Géruzez. « *Ne serait-on pas tenté, ajoute-t-il, d'attribuer à l'auteur de la* Némésis *ces deux vers :*

> J'en ai rougi pour vous, quand l'acier de mes vers
> Burinait votre histoire aux yeux de l'univers

ou ces quatre autres :

> Prête-moi, Vérité, ta pastorale fronde,
> Que j'enfonce dedans la pierre la plus ronde
> Que je pourrai trouver, et que ce caillou rond
> Du vice Goliath s'enchâsse dans le front.

« *L'acier de mes vers* », *le* « *vice-Goliath* », *voilà bien les types d'une foule de locutions nouvellement remises en honneur, comme aussi de ces emjambements destinés à rompre la monotonie du vers alexandrin.* »

XI

En résumé, les Tragiques *sont une œuvre confuse, exubérante, farouche en quelque sorte, mais étince-*

lante de sublimes beautés ; où tous les tons se heurtent, toutes les formes se mêlent, l'épopée, la satire, l'hymne biblique, l'idylle même : c'est comme un mélange du génie des prophètes et de celui de Juvénal. « Cette prodigieuse sortie contre la corruption des Valois, les violences de la persécution, les vices du clergé, de la magistrature et de la cour, est un chaos et un déluge ; mais, parmi cette tourmente, brillent à chaque instant des éclairs de génie et retentissent des accents de sainte colère et d'héroïsme[1]. »

Il y a, dans le grand drame lyrique des Huguenots, un trait assez heureux pour peindre une de ses figures les plus sympathiques, et pour finir, je l'emprunte volontiers à son auteur, Émile Deschamps[2], et je l'applique ici à notre soldat-poëte, qu'il caractérisera parfaitement :

Diamant brut, incrusté dans du fer[3].

CHARLES READ.

1. Géruzez, *Hist. de la litt. franç.*, I, 375.
2. C'est, en effet, le poëte Émile Deschamps (détail peu connu) qui a introduit dans le poëme des *Huguenots* le rôle de *Marcel*. Il avait à ce titre sa part de droits d'auteur.
3. Dans l'énumération que fait Brantôme des mestres-de-camp huguenots, on lit : « D'AUBIGNY, qui est bon, celui-là, pour la plume et pour le poil ; car il est bon capitaine et soldat, très sçavant et très éloquent, et bien disant s'il en fut oncques. »

SOMMAIRE

DES

SEPT LIVRES DES TRAGIQUES

Livre I. — MISERES.

Le poëte annonce qu'il va, comme Annibal, porter la guerre à Rome. Il sait quels périls il affronte en passant le Rubicon. Se plaçant sous la protection du Tout-Puissant, il lui demande secours et inspiration. Il a dit adieu aux chants d'amour de sa jeunesse; un autre feu l'enflamme : l'amour de sa malheureuse patrie. — Tableau des misères de la France noyée dans son sang. C'est une mère épuisée par ses nourrissons et sur le sein de laquelle s'égorgent ses propres enfants. Exaction des financiers et justiciers. Tyrannie des rois, qui se font les loups dévorants du troupeau dont ils devraient toujours être les bons bergers : ils sont de véritables fléaux de Dieu. Énumération des crimes et des maux qui émanent d'eux. La terre répudie les grands et leur malfaisante influence ; elle reconnait les petits comme ses enfants et leur adresse ses consolations. A quelles misères ceux-ci sont en proie par le fait de ceux-là ! — Le poëte retrace les tragiques et hideux spectacles, les épisodes effroyables dont ses yeux furent témoins au milieu des guerres civiles : la désolation des campagnes, les horreurs du meurtre et celles de la famine. — Se tournant vers le roi de Navarre, il le conjure de remédier aux malheurs de la France, de panser ses blessures, lorsqu'il règnera sur elle. — Appels réitérés en faveur de cet infortuné pays, réduit au désespoir. — Les calamités qui le frappent sont sans doute des châtiments. La peste, la guerre, la famine, découlent de deux sources, personnifiées en ces deux puissances néfastes : Catherine de Médicis et Charles de Guise, cardinal de Lorraine. Virulente apostrophe du poëte à cette « Jésabel », venue de Florence pour la perdition des Français, qui, vrai suppôt de Belzébut, comble tous ses déportements par la pratique de la sorcellerie ; et à « ce cardinal sanglant », souillé de tant de vices, tour à tour instrument et instigateur d'une criminelle politique. Vision effrayante qu'Henri IV racontait avoir eue au moment de la mort de ce monstre, — sa belle-mère. — A ces frénésies succède hélas ! une nouvelle et pernicieuse fièvre, celle du duel, de ce détestable esprit querelleur par lequel va se décimant la noblesse qui a survécu jusqu'ici. L'auteur s'accuse d'avoir lui aussi été atteint de cette folie. Les idées que l'on se fait si faussement aujourd'hui de l'honneur et de la vaillance sont mises par lui en regard de celles d'autrefois. Futilité des motifs qui portent les gens à s'entre-tuer ; et combien cependant cette rage est partout répandue, au point que les femmes mêmes n'en sont pas exemptes ! — Or, à qui la France doit-elle surtout s'en prendre de tout ce qui lui arrive de funeste? A la « beste étrangère », au pontife, ou plutôt au « loup » romain, lequel s'arroge insolemment le droit de dominer sur les couronnes et de faire de tous les rois autant d'esclaves. Tel est l'évangile que prêche la nouvelle engeance de Loyola, en empoisonnant l'homicide couteau ». Le poëte, se faisant l'interprète des sentiments du peuple, dont il vient de peindre les misères, se frappe la poitrine et se prosterne devant le Seigneur, confessant humblement les péchés commis et implorant la miséricorde divine.

Livre II. — PRINCES.

Le poëte ne cache pas qu'il va accomplir une tâche bien répugnante*: ouvrir « des sépulcres blanchis », mettre à nu « d'horribles charognes » S'il s'est tu jusqu'ici, « de peur d'encourir le courroux des princes irrités », il se reproche cette lâcheté et va, sans plus tarder, parler haut et ferme ainsi que l'exige sa conscience. Arrière tous les vils ménagements! Il faut désormais combattre en face et hardiment les vices du siècle, à commencer par les flatteurs, ces serpents venimeux que l'on voit s'insinuant partout : dans les conseils de l'État et dans la chaire ; partout donnant le change, et parant de noms nouveaux tous les crimes, toutes les infamies. Leur honteux commerce excite la vertueuse indignation du poëte, qui, flétrissant la « Menterie », va prendre en main le flambeau de la Vérité, dût-il en être la victime. — Déguisements et déportements du roi Henri III. Hypocrisies et impuretés des princes et des grands. Ils sont d'autant plus coupables que leur rang les oblige davantage, et qu'ils devraient s'appliquer à représenter Dieu lui-même ici-bas. Mais les iniques conseillers font les rois iniques. Que de mal ont ainsi commis de misérables courtisans, l'un prêtre apostat, l'autre moyenneur vénal, traître de tous les partis ; celui-ci charlatan de cour, à la langue emmiellée ; celui-là froid bourreau poussant au carnage ; et tant d'autres bien connus, — véritable bande de brigands qui s'arrangent pour vivre aux dépens du pauvre monde et pour s'enrichir de ses dépouilles. Pour comble d'ignominie, c'est à la clique italienne que profite ce brigandage. O pitoyable France, « qui entretiens et gardes tes voleurs », qui gémis sous la verge du « Conseil sacré qui te dévore » ! Pauvres fous, vous tous qui « prodiguez votre vie aux bouches du canon » et qui, glorieusement mutilés, vous voyez délaissés pour les « bouffons et les muguets parfumés », apprenez donc ce que valent ces rois à qui vous vous donnez ! Ah ! ils « ont appris à machiavéliser » ! — C'est une malédiction sans pareille que ces princes enfants, ces rois en tutelle, dominés par leurs caprices, par leurs passions, par les femmes, et dont le règne n'est qu'une succession de scandales et de hontes. Peinture des abominations de la cour : on n'y voit qu'entremetteurs et mignons. — Étrange aberration des Polonais, qui, maîtres de leur sort, vinrent de si loin offrir la couronne à ce méprisable personnage, le duc d'Anjou. Tout conspira alors à les tromper : eussent-ils donc fait de « leur manteau royal une couverture à tant d'opprobre et de déshonneur », s'ils avaient su tout ce qu'on prit grand soin de leur dissimuler à leur entrée dans Paris ! Cet exemple n'engagera pas d'autres étrangers à nous emprunter quelqu'un de nos princes : aussi bien joignent-ils à la laideur physique une laideur morale, une méchanceté plus grande encore. Les talents que peuvent avoir certains tyrans rendent parfois la tyrannie un peu moins tolérable. Mais tel n'est pas le destin des Français, réduits en servitude « sous une femme-hommace et sous un homme-femme. » Cette « femme-hommace », mère indigne, a elle-même corrompu ses trois fils. — Elle a fait du premier une sorte de sauvage, de furieux, « n'aimant rien que la chasse et le sang », et préludant par des habitudes de cruauté aux massacres qui devaient illustrer son règne. — Elle a fait du second un efféminé, un être douteux, au menton rasé, aux joues fardées, sans cervelle et sans front, qui inaugura en un bal la mode des habillements féminins, et qui, renchérissant sur l'Espagne et sur l'Italie, porta busc, crevés, déchiquetures, manchons de satin, cordons emperlés dans les cheveux, bonnet sans bord, accoutrement « monstrueux, digne de ses amours ». Chacun était en peine « s'il voyait un roi-femme ou bien un homme-reine ». Il va sans dire que le dedans répondait au dehors : tout en lui était ruse et intrigue, vice et lubricité, grâce au lait qu'il avait sucé ; par plus d'un trait il rappelait Néron, et c'était bien le fils d'une autre Agrippine : plût au Ciel que celle-ci eût été la victime d'un tel monstre, et qu'elle eût ainsi servi à préserver une autre mère, c'est-à-dire la France ! Les Senèques de ce temps-ci n'auraient pas eu à subir toutes ces souffrances et ignominies qui leur ont été réservées. — Le troisième fils de Catherine fut par elle et « pour servir à son jeu », élevé en « fainéant. » Il devint aussi astucieux que lâche. Pour lui, « *ce n'est qu'un coup d'Estat que d'estre bien parjure.* » Jouet de tous les vents, il trompe, il est trompé ; traître et assassin de ses amis, sa robe ducale est souillée, couverte de leurs sang. — Ces princes, rivaux d'impuretés, avaient tous trois commencé leur infâme carrière par un commun inceste. Or, en ces derniers temps, le diable a appris à faire l'ange ; il s'est donné un entourage de beaux esprits, à la façon de Néron ; on a mis « le masque », c'est-à-dire « le froc », et voilà nos gens encapuchonnés, fagotés de cordes, et qui « s'en vont étalant par la ville leurs processions grotesques, diffamant le Christ par leurs litanies... » Malheur à toi, roi déguisé qui joue ainsi le cagot ! « Ces corbeaux se paistront un jour de ta charogne. Dieu t'occira par eux. » — En attendant, « tes prêtres », par les rues promenés, « n'ont pourtant pu céler l'ordure de tes nuits » et l'orgie de tout ce qui te touche et t'environne. Le Louvre n'est plus qu'un sordide lupanar. Un frisson me prend quand je songe à ce qu'on en raconte, et je tremble de le répéter ! On parle aussi des vaines terreurs d'un roi à qui le tonnerre cause un tel effroi qu'il se cache sous terre, fait sonner les cloches et a besoin qu'on lui administre des clystères d'eau bénite, sans compter tout le reste ! Que n'accusent pas ces frayeurs et ces pratiques insensées ! Honteuses vérités, trop véritables hontes ! » Quels tableaux souillent de tous côtés nos regards ! On dit qu'il faudrait les voiler. Non, non ! « La vertu n'est point fille de l'ignorance », et il vaut bien mieux (comme l'enseigne saint Augustin) mettre le mal à découvert « avec sa puanteur et son infection », afin qu'il provoque le dégoût et la haine. Mais trêve à ces fureurs, et envisageons une autre face de notre sujet. Supposons un vieux gentilhomme qui s'est appliqué à instruire et à former diligemment son fils, pour ne se séparer de lui qu'après en avoir fait un adolescent accompli. Voici le jeune homme équipé ; le voilà parti, il débarque à la cour et pense « être arrivé à la foire aux vertus ». Que de beaux personnages ! Que de superbes choses ! Mais dès qu'il a entrevu les revers des médailles, que de froissements, quelles amères déceptions ! Il voit, au Louvre, entrer ou sortir des gens que la foule escorte et adore. Quel est celui-ci ? demande-t-il. Et quel est celui-là ? Sont-ce de vaillants guerriers, d'éminents hommes d'État ? On lui nomme... d'illustres inconnus, et il n'est pas moins étonné des réponses qu'on lui fait, que ses interlocuteurs ne le sont de la naïveté de ses questions. Est-il donc permis d'ignorer que ce sont là les « mignons du Roi », qu'ils sont partout au premier rang, et que la France entière est leur tributaire ? Du même coup, le voilà édifié et indigné. La colère lui trouble les sens, son sommeil est agité de visions. La Fortune, « cette mère aux étranges amours », lui apparaît en songe ; elle écarte les rideaux de son lit et, le couvrant de baisers, l'appelle son fils et lui tient ce discours : « Innocent jouvenceau, tu as été mal instruit par ton père. Il t'a appris à me mépriser, moi, la Fortune, moi, ta mère, et à me préférer la Vertu, cette sotte qui ne te peut mener à rien. Vois un peu le sort des Sénèque, des Thraséas, des Coligny. Y a-t-il là de quoi te tenter ? Combien est différente la destinée de ceux qui me prennent pour dame et suivent mes préceptes ! Suis-les donc, aspire à imiter, sous mes auspices, les mignons vieillis et à les remplacer dans la faveur royale ». A ces mots, la Vertu qui écoutait à la porte, ne se contient plus, et entre brusquement pour combattre ces odieux sophismes. « Ce n'est pas moi, s'écrie-t-elle, qui chercherai à t'éblouir, comme fait ici la fausse Fortune, pour te tromper. Sincères sont mes maximes, et rude est la voie que je trace : mais ceux qui m'écoutent et marchent dans mes sentiers, ceux-là sont des hommes sains et forts : témoin les Scipion et Coligny, celui-ci grand entre les plus grands et triomphant dans sa mort même. Choisis donc la bonne part et la vraie gloire. T'y exhorter plus longtemps, c'est te faire injure. » — Le poëte conclut en maudissant le séjour empesté des cours, et conjure ceux qui haïssent le vice d'en fuir le contact. Au milieu de cette fange, nul ne peut rester exempt de souillure. En se taisant, on se rend en quelque sorte complice du méfait et l'on risque de se trouver impliqué dans le jugement final qui attend les coupables.

Livre III. — LA CHAMBRE DORÉE.

Au plus haut des cieux réside l'Éternel. Les légions des Anges et des Puissances sont là rangées et l'adorant face à face, prêtes à exécuter, au moindre signe du Seigneur des Seigneurs, les commandements divins. Au pied de ce trône de gloire arrive la Justice, fugitive et toute meurtrie. Elle peut à peine exhaler sa plainte. « Les humains ont outragé et déshérité celle que tu avais placée à leur tête comme ta propre fille, ô Dieu, pour régner sur eux. Elle a recours à toi ! » La Piété, autre exilée de la terre, s'avance, et, tombant à genoux : « Ces humains, dit-elle, tes créatures, ce sont eux qui m'ont chassée ! » La Paix vient à son tour : « Et moi aussi, ils m'ont expulsée, et ils ont mis en mon lieu une fausse Paix, qui n'est que la Guerre déguisée. » L'assemblée des Esprits appuie cette prière et insiste sur la gravité des désordres qui viennent d'être signalés. « L'Éternel laissera-t-il plus longtemps blasphémer son nom et fouler aux pieds ses lois ? » Les Anges lui montrent le cortège des âmes des martyrs qu'ils ont recueillies au ciel, et cette vue allume son courroux. Il abaisse son regard sur la terre, et ce qui le frappe au travers des nues, c'est un palais

hérissé de tourelles et pavillons dorés, mais que l'on croit à
tort bâti de pierres et sable : car c'est un édifice élevé avec
la chair et les os des innocents ; c'est un vaste sépulcre blanchi ; c'est, en un mot, le palais des justiciers — ou loups
cerviers — parisiens. Là est la Chambre dorée, « de justice
jadis, d'or maintenant parée », et où préside aujourd'hui
« l'Injustice impudente ». Elle a pour assesseurs, sur les
fleurs de lis, l'Avarice, vieille harpie ; l'Ambition, capable
de tout pour dominer ; l'Envie, hideuse sorcière ; l'Imbécil-
lité, au front vide ; la Colère, aux yeux enflammés ; la Faveur, aux dés pipés ; l'Ivrognerie, au gosier enroué, aux
violences féroces ; l'Hypocrisie, faisant trafic de la dévotion ;
la Vengeance, au teint noir ; la Jalousie, tour à tour pâle
ou cramoisie ; l'Inconstance, aux dehors insaisissables ; la
Stupidité, impitoyable brute. Au bout d'un banc se trouve
la chétive Pauvreté, toute honteuse, et, « pour couronner
cette liste », voici l'Ignorance, « qui n'est la moins fascheuse peste », car tout lui est égal et elle opine du bonnet
ad idem, puis demande après de quoi il s'agissait. Sur un
autre banc se voit, sous les traits d'un colosse africain, un
monstre effrayant : c'est la Cruauté farouche, ayant la Pitié
à ses pieds. A côté d'elle, la Passion, âpre aiguillon des
âmes, qui surprend et dicte les sentences ; la Haine, fille de
l'Esprit de parti, qui les impose par la menace ; la Vanité,
sottement accoutrée ; la Servitude, tête rasée, esclave du bon
plaisir : la Bouffonnerie, perverse courtisane, auprès de laquelle rien ne trouve grâce ; la Luxure, aux effrontés dé-
sirs ; la Faiblesse, toujours tremblante et impuissante ; la
Paresse, qui ne « juge que sur l'étiquette » ; l'écervelée
Jeunesse, qui juge à l'étourdie et fait couler le sang ; la
« froide et lâche » Trahison, l'Insolence, vile parvenue ; la
Formalité, qui fausse et « difforme » tout, digne fille du
Pédantisme. Au dernier coin est « la misérable » Crainte,
blême et marquée du sceau fatal du malheur. — Or il arriva que c'était tout justement le jour où le roi Henri III
vint à la mercuriale, ce qui permit au Souverain Juge de
mieux voir au grand complet ce sénat, cette cour, — on
peut dire cette « boutique » — de la Chambre dorée. Mé-

morable séance où éclata toute la lâcheté de ces conseillers, de ces esclaves du maître. — Ce palais avait captivé l'attention du Très-Haut par son faste ; un second château l'attira aussi, mais celui-là par l'aspect funeste de ses « tours assemblées » et de ses « grilles redoublées ». C'était la forteresse de « l'Inquisition », l'enfer des malheureux, la redoutable Bastille. Alors apparait la cohorte des barbares persécuteurs, des sombres et inexorables geôliers, des pourvoyeurs de gibets, des Ferdinand, des Isabelle, des Sixte-Quint, et l'Éternel vit avec indignation les sanglantes tragédies dont ceux-ci étaient les triomphants auteurs. En même temps, il introduisit au ciel la légion des martyrs, leurs victimes. « Tremblez, juges ! » car en signant ces arrêts de mort, c'est le vôtre que vous signez. En vain vous prétendriez vous en laver les mains : « doctes brigands », vous êtes bien la race vénale de ces Juifs qui criaient : « Crucifie ! » tout en se récusant. Mettez, mettez un gant blanc, bourreaux : l'or n'en reste pas moins à vos doigts, et aussi le sang ! — Ce venin espagnol infectant bientôt les autres nations, chaque pays devient le théâtre d'horribles supplices, et partout les bons sont torturés, mis à mort par les méchants. Le Père céleste a vu ces lamentables tableaux et a inscrit les noms des saints « en son registre éternel ». Là sera l'inévitable condamnation de leurs juges meurtriers, quand viendront les grands jours du Juge suprême. Puisqu'ils n'ont pas su profiter des avertissements qu'ils pouvaient lire sur les voûtes mêmes de leur « grand palais », où ont été tracées les annales de Thémis et de ces plus fameux représentants dans toute l'histoire sacrée et profane, depuis Moïse et Salomon, Aristide et Cyrus, Caton et Auguste, Trajan et Charlemagne, jusqu'aux modernes et aux contemporains. Là se voit aussi le cortège des martyrs qui vont enfin recevoir la couronne de leur triomphe final, en même temps que la foudre céleste va frapper leurs bourreaux devant le trône de gloire. — Le poète se donne ici carrière pour peindre l'antre de la Chicane et tous ses agissements. La Basse Normandie, le Comtat, le Poitou, sont proprement son refuge. La Suisse, la Hollande,

SOMMAIRE

l'Angleterre, l'Écosse, ont su s'en préserver. Heureux et digne d'envie est le libre royaume d'Élisabeth ! — Puisque les marchands de justice à faux poids font la sourde oreille, il faut emprunter les accents de David et les forcer d'entendre ce qu'il adresse à ceux qui ne rendent pas la justice, mais la vendent. Oui, Dieu vous demandera compte de vos iniquités, de vos mensonges, de vos attentats. Avant qu'il soit peu, le Seigneur viendra, armé de sa verge de fer : il vous châtiera ainsi que vous le méritez.

Livre IV. — LES FEUX.

« Jérusalem, ouvre tes portes. » Voici venir la procession des élus, des fidèles, des champions de la foi. Que Dieu donne au poète de ne point faillir à sa tâche ! Sa conscience lui est apparue en songe et lui a fait une loi de tirer de l'oubli les noms de tant d'héroïques martyrs. Entre eux point de choix : le plus humble est l'égal du plus illustre. C'est d'abord, ouvrant cette liste des glorieux confesseurs de Jésus-Christ, Jean Huss et Jérôme de Prague, dont les cendres jetées au vent furent semences fécondes ; les pauvres de Lyon, dignes successeurs des Albigeois ; en Angleterre, « Gérard et sa bande », Wiclef, à qui revient l'honneur d'être le premier des témoins de ce pays ; et Bainam, et Fricht, Thorb, Bewerlan, Sautrée, le grand primat Krammer, « l'invincible Haux », Norris, Anne Askeuve et Jane Gray, Bilnée, le « vaillant Gardiner », les trois Agnez, Florent Vénot, les quatorze de Meaux et le paysan de la forêt de Livry ; le paumier d'Avignon, les deux frères de Lyon et les cinq écoliers brûlés dans cette même ville ; la demoiselle de Graveron, la constante Marie, le conseiller-clerc Anne Du Bourg, la dame de La Caille ; enfin tant d'autres témoins français et flamands, — d'Anvers, de Cambray, de Tournay, de Mons, de Valenciennes

(ce n'est ici « qu'un indice à un plus gros ouvrage »).
L'Italie et l'infidèle Rome ont eu aussi leur confesseur, un
intrépide « soldat de Christ », Montalchine. Gloire aussi à
ces deux prédicateurs obstinés de l'Evangile, Philippe de
Gastine et Nicolas Croquet, et au Dauphinois Lebrun ! —
Celui qui inscrit ici ton nom, ô Gastine, eut avec toi pour
maître « notre grand Béroalde », et fut « ton privé compagnon d'escoles et de jeux » puisse Dieu lui donner d'être
« ton compagnon de feux » ! — N'oublions pas non plus
« le martyre secret » des deux filles du ministre Serpon,
« dans la nuit ténébreuse » de la Saint-Barthélemy, martyre d'autant plus mémorable que les bourreaux étaient les
propres parents des victimes. Il faut aussi rappeler ces
trois Anglais qui allèrent « jusque dans Rome attaquer
l'Antechrist », et dont deux furent étouffés sans bruit,
tandis que le troisième fut publiquement martyrisé. Ses
cendres furent fécondes, témoin ce vieillard que trois ans
de prison avaient blanchi, témoin le capucin Lemaigre,
dont la voix prêcha « quarante jours entiers, en la chaire
d'erreur, la pure vérité ». Ajoutons à ces confesseurs du
printemps de l'Église ceux qui ont « esjoui son automne »,
— *Une rose d'automne est plus qu'une autre exquise,*
— et consignons ici la fière et belle réponse du vieux
Bernard Palissy à ce roi déchu alléguant la contrainte que
lui, roi, subissait et l'exhortant à se soustraire au supplice
par une feinte soumission : « Sire, répliqua le potier, il
est temps de quitter sans regret cette vie, alors que mon
roi avoue qu'il est contraint ! Mais lui et tous ceux qui
l'ont contraint ne me contraindront point, car je sais
mourir, et, partant, ne sais point craindre. » Pour le bien
de la France, il eût fallu « que ce potier fût roy, que
ce roy fût potier ». La Bastille alors « n'emprisonnait que
grands » : donc elle était digne de servir à un Bernard
Palissy de prison et d'échafaud. Elles y eurent cet héroïque
vieillard pour compagnon et pour conseiller, les deux de-
moiselles parisiennes, les deux sœurs que bientôt la couronne du martyre « para d'angélique beauté ». — Ainsi
Dieu vit, à cette illustre époque, dix milliers d'âmes

méprisant la mort et triomphant des bûchers, pour lui donner gloire, et non seulement des doctes et des grands, mais de « pauvres abjects saintement ignorants », déployant de « braves courages », sacrifiant pour la vérité la vie et leurs délices. Mais il vit aussi, blasphémant contre lui, et opprimant et persécutant les siens, ceux-là qui usurpaient « le lieu et le nom de l'Église ». Il ne put supporter cette vue sans en ressentir un violent courroux et sans « se repentir d'avoir formé la terre », qu'il abandonna pour regagner le ciel.

––––––

Livre V. — LES FERS.

Dieu ayant « retiré ses yeux de la terre ennemie », elle se trouva livrée aux ténèbres. Le ciel, au contraire, en voyant revenir son souverain Maître, rayonna de lumière et de bonheur. Les séraphins et les chérubins étaient en extase : au milieu de ces purs esprits se glissa Satan, « desguisé en ange de lumière ». Dieu le reconnut et l'apostropha : « Que viens-tu faire ici? D'où viens-tu? — Je viens, répond le serpent démasqué, de voir la terre et d'y faire mon métier d'imposteur et de tentateur, redressant contre ton église les fers après les feux. — Pourtant tu as éprouvé la constance de mes saints champions, lesquels ont tué la mort même ; tu as pu contre leur chair, mais tu n'as rien pu contre leur âme. — Oui, je le sais. Mais l'épreuve n'est pas complète : fais succéder aux supplices le repos, à l'adversité la prospérité ; qu'ils fassent à leur tour couler, dans les combats, le sang de leurs ennemis ; que la satisfaction de la victoire, que le vent de la faveur les excite. Laisse-moi au besoin essayer du règne de l'argent, de l'octroi des pensions, et tu verras s'ils ne blasphèment ton nom, jusqu'ici glorifié. Si j'échoue alors je m'avoue vaincu et confesse que ton Église est sainte. — Soit, dit l'Éternel. Fais donc ton œuvre. Ta ruse et ta peine perdues ne serviront qu'à ma gloire. » — Fendant l'espace, le démon se précipite vers la France, et arrive en un tourbillon aux rives de la Seine. Il avise tout d'abord les préparatifs du superbe palais qu'entreprenait alors Catherine de Médicis, et qui devait s'appeler les Thuilleries. Dans cette entreprise il voit la ruine de dix mille maisons, « son œil ardent découvre du gibier pour soy dans ce palais du Louvre ». Ce sera donc le théâtre de ses exploits, et il faut y dépêcher ses noires légions, celles qui font le sujet de ces tableaux que l'on voit au Vatican et où se trouvent les triomphes de l'Antechrist. Le ciel s'émeut et veut avoir aussi les triomphes des siens représentés en de tels tableaux. Des peintres divins retracent aux yeux des bienheureux martyrs la « saison des fers, pire que celle des feux », et font contempler aux pères « l'admirable constance de leur postérité », qui compte bien peu d'infidèles. Le premier de ces tableaux montre « le hideux portrait de la guerre civile » dévorant les « doux Français l'un sur l'autre enragés », et la « petite ville » (d'Amboise) remplie de morts avec son fleuve ensanglanté, et l'une des victimes attestant le ciel que tout ce sang répandu sera vengé. Puis ce sont deux armées qui en viennent aux mains « en la plaine de Dreux », où la victoire va de l'une à l'autre, « les deux favorisant, pour ruyner les deux ». Voici l'attaque contre les faubourgs mêmes de Paris, la bataille de Saint-Denis, où succombe le connétable, un insigne traître. D'autres combats succèdent à ceux-là, parmi lesquels celui de Jarnac, qui voit blesser d'abord et ensuite assassiner Condé; Saint-Yrier, Montcontour, etc. Un tableau est consacré à « la pieuse Renée », duchesse de Ferrare, digne fille du roi qui « fut dit père du peuple », et hospitalière à de nombreux fidèles en sa résidence de Montargis. Ici c'est le fait d'armes accompli à Navarreins, celui de Luçon (Sainte-Gemme), les exploits de Dupuy-Montbrun, le grand succès obtenu à Saint-Gilles, aux bords du Rhône. Ce sont des cruautés peintes au vif pour mieux émouvoir l'ire du Tout-Puissant : l'abominable massacre de Vassy, celuy de Sens, ceux d'Agen, de Cahors, de Tours, d'Orléans, tous ceux enfin que virent dans leur cours les fleuves de la Loire, de la Seine, de la Garonne et du Rhône. Ni les victimes du baron des Adrets, ni Mouvans, ni de Tende, ne sont oubliés, non plus que les massacres plus anciens de Mérindol et Cabrière, et les combats d'Angrogne. — Voici venir enfin « la tragédie qui efface le reste » et montre comment fut châtiée l'Église, « quand sa paix et sa foi eurent pour fondement la parole du roi » : c'est nommer la Saint-Barthélemy, cette boucherie à nulle autre pareille ! Deux princes vêtus de noir (ils portent le deuil de Jeanne d'Albret) viennent d'entrer dans Paris l'infidèle. Le jour s'est levé, jour à jamais maudit, où, par ordre d'un roi bourreau de ses sujets, « la populace armée » va « trépigner la justice », et où des Français vont immoler d'autres Français. L'amiral, cette grande figure, ce Caton de nos jours, tombe sous leurs coups aussitôt que la cloche du Palais de la Justice a sonné l'heure des iniquités. La cité est inondée de sang. Le Pont-aux-Meuniers, la Vallée-de-Misère voient égorger ou jeter à l'eau des milliers de malheureux. C'est Yverny, la charitable nièce du cardinal Briconnet, c'est un époux que la mort réunit à son épouse, c'est le vieux Ramus, la gloire des Écoles, le conseiller octogénaire Chappes, Brion, gouverneur du prince de Conti, etc. Le Louvre même devient un champ de carnage, champ que la présence, l'attitude de Néron et de sa cour rendent encore plus hideux. — Mais en vain le tyran a fait taire sa conscience : elle se révolte et vient remplir ses nuits de terreurs. Tout l'épouvante et le glace d'effroi : il voudrait se fuir lui-même, et ne le peut. — O toi, Henri de Béarn, qui fus témoin de ce supplice royal et qui nous en fis le récit, en frémissant à la pensée de cet horrible tableau, « si un jour, oublieux, tu en perds la mémoire, Dieu s'en souviendra bien, à ta honte, à sa gloire » ! — De Paris, les massacres se sont étendus à Meaux, à Orléans, aux villes que baigne le Rhône, à Lyon, à Tournon, Viviers, Vienne, Valence ; mais Rouen, Troyes, Toulouse, Angers, Poitiers, Bordeaux, renchérissent sur les autres. Dax suit leur exemple. Mais Bayonne, grâce à son généreux gouverneur, répudie l'ordre qu'on a pu envoyer à des bourreaux, non à des soldats. Bourges assassine avec un soin jaloux tout son petit troupeau. Mais à quoi bon « courir ville après ville, pour descrire des morts jusqu'à trente mille » ?... — L'étonnante aventure du jeune Caumont de la Force doit être ici mentionnée, et celle des pauvres fidèles préservés par un secours miraculeux, tels que Merlin, le ministre de l'Amiral, et Reniers, à qui son propre ennemi Vésins sauva héroïquement la vie, en lui faisant cette condition sublime, « que du faict de Paris il prendra la vengeance » ! — Enfin le poëte, lui aussi, doit dire qu'il fut visité « par l'ange consolant des amères blessures », et que, dans une extase qui dura sept heures, il fit passer devant ses yeux les images qu'il vient de peindre, et bien d'autres encore ; mais il lui fit voir aussi, aux plans plus éloignés, les compensations et les vindictes de la justice divine. C'est La Rochelle et Sancerre qui résistent noblement et auxquelles les ambassadeurs polonais sont en aide. Le duc d'Anjou, quand il reviendra roi de Pologne, fugitif, pour succéder à son frère, ne trouvera plus de craintifs agneaux, mais des lions, des lions qu'on a trompés. La perfidie du nouveau tyran rallume la guerre, et le tyran d'Espagne (Philippe II) « contre les François reconjure la France ». Coutras venge par cinq mille morts les compagnons du Béarnais. Paris et le Guisard chassent l'hypocrite renard, lequel se va venger à Blois ; mais Jacques Clément l'attend à Saint-Cloud, en la maison, chambre et lieu, et au même mois, qu'il a, dix-sept ans auparavant, sollicité et résolu la Saint-Barthélemy. C'est celui à qui son frère avait dit : « Messe ou Mort ! » qui lui succède. Il est d'abord vainqueur à Arques et à Ivry. Paris souffre un long et rude siège. L'engeance de Loyola forme entre princes et rois une alliance funeste qui aura longue durée et qui éteindra le flambeau luisant de la France en repos. Que de troubles en Europe jusqu'à l'an 1666, qui doit voir l'avénement du grand juge ! — Le poëte est exhorté par l'Ange à se consacrer « aux vengeances de Dieu », à écrire fidèlement les secrets qu'il vient de lui faire lire dans les étoiles du firmament, à témoigner qu'il garde mémoire des grâces que Dieu lui fit, alors qu'on l'avait recueilli à Talcy, blessé et mourant. Écoutant donc cette voix de l'Ange, le poëte loue son Dieu et, avant de « décrire ses derniers jugements », il veut ici rapporter librement encore une vision qu'il a eue. — C'était sur ces côtes de la Bretagne où viennent aboutir les fleuves de France, de la Seine à la Gironde : le vieil Océan était lors « tranquille et sommeillant ». Tout à coup les vents, les flots entrent en guerre. « Qu'est-ce donc? s'écria, réveillé en sursaut, le vieillard Océan. Pourquoi troubler ainsi mes profondeurs? » Il élève la tête, se faisant porter par deux dauphins; et croit avoir affaire aux éléments en courroux. Mais non, les ondes sont ensanglantées, elles rougissent et sa barbe blanche et sa main. « A moi! dit-il aussitôt, mes filles! A moi, mes vagues! Repoussez ceci de mon sein qui ne souffre point de morts. » Que ces fleuves qui l'ont amené « aillent ailleurs purger leurs cruautés » ! Et la mer se mettait en devoir de forcer les fleuves à remonter vers leurs coupables sources, lorsque le vieillard Océan vit les cieux s'entr'ouvrir et ses anges fendre l'air pour descendre vers ce sang, qu'ils recueillent précieusement et portent au palais du grand Dieu. A cette vue le vieillard Océan change de langage : « Venez, enfants du ciel, ô saincts que je repoussais ! Ce n'est plus contre vous, c'est pour vous que je me courrouce ! » Puis, s'avançant vers la Loire, il y rencontre les corps meurtris des martyrs qui couvrent ses bords. « Ceux-ci je veux garder, dit-il, car ils sont purs, et la terre n'était pas digne d'être leur tombeau. » Il dit et disparaît. — Oh! oui, « nos cruautés pussent-elles être ensevelies dans le centre du monde! Puissions-nous, la tête haute, porter au front, en face de l'étranger, l'honneur ancien de France! » Mais vous aussi, étranger, qui tenez en abomination le nom français, pour Dieu ! faites du moins le choix « de celuy qu'on trahit et de celuy qui tue ». — Et maintenant que *les Fers* sont terminés, prenez haleine pour ouïr la fin de ce poëme, et « venez savoir comment l'Eternel faict à poinct justice et jugement ».

Livre VI. — VENGEANCES.

Invocation du poëte au Dieu de douceur et de bonté. Il n'a pas cette sagesse que donnent les années; il n'est encore qu'un enfant en qui « fleurit un printemps de péchés », il a besoin de voir purifier sa jeunesse première, afin d'être digne de sa tâche. — Qu'on n'attende pas ici de lui des nouveautés, le Seigneur renvoyait les scribes et les pharisiens aux enseignements de l'Ancienne Alliance; il fera de même, montrant d'abord les tyrans du peuple de Dieu et leurs châtiments, puis ceux de la primitive Église, enfin ceux de notre âge, qui n'ont pas été traités d'une façon moins exemplaire. — Voici donc le premier meurtrier, Caïn, et le premier martyr, Abel; et voici la première vengeance qui poursuit Caïn, effroyable, implacable. Voici le grand déluge qui punit la perversité des enfants des hommes; la confusion des langues qui flagelle leur outrecuidance; le feu du ciel qui foudroie leurs abominations. C'est tour à tour Saül, David, Absalon, Achitophel et Achab, Jézabel et Athalie; c'est le tyran Nabuchodonosor, et son petit-fils Balthasar, qui viennent témoigner de la céleste justice, de cette justice qui a pour instruments un Chérub, un Sennachérib, une Esther, — la force dont elle se joue, — la faiblesse, qu'elle rend plus puissante que les puissants. — Passons à l'Eglise naissante : c'est Hérode, le massacreur des innocents; Néron, l'incendiaire de Rome; Domitien, le cruel; Adrien, le crucificateur; Sévère, son émule; Valérien, l'exécrable; Maximien, Maximin, Julien, et la bande de leurs successeurs et imitateurs, dont la méchanceté trouva sa récompense. — Nous arrivons à ce siècle de la renaissance évangélique, qui est le siècle courant, et qui offre aux élus autant de cruautés et d'épreuves de toute sorte, « qu'aux trois mille ans premiers de l'enfance du monde, qu'aux quinze cens après de l'Église seconde. » L'archevêque de Cantorbéry, Arundel, qui tourmenta Wiclef et les Lollards;

le comte Félix, Mesnier (le baron d'Oppède), le chancelier du Prat, le conseiller l'Aubepin, l'archevêque de Tours, Étienne Poncher, l'évêque Castellan, le docteur Picard, l'inquisiteur Lambert, tous rivaux de persécution, ont senti la rigueur de Dieu. Viennent ensuite ceux qu'il nous a été donné de voir de nos yeux, un Bezigny, un Cosseins, un maréchal de Tavannes, un maréchal de Raiz, par-dessus tout un damné cardinal, celui de Lorraine. Ils ont eu, tous ces bourreaux couverts de sang, une fin épouvantable et digne de leurs exploits. — Telle est la justice souveraine, en ses rétributions tardives, mais infaillibles. Elle assigne à chacun la part qu'il s'est faite et qu'il a méritée. Combien d'exemples encore tout récents montrent, en traits éclatants, ce Dieu, juste vengeur, tel qu'il fut en tout temps !

Livre VII. — JUGEMENT.

Le poëte demande à l'Éternel de donner force à sa voix, afin qu'elle puisse prononcer ses arrêts solennels. Quels sont ceux à qui il est chargé de distribuer la vie ou la mort, la félicité ou la misère sans fin ? « A vous la vie, à vous qui par Christ la perdez » : votre place est à sa droite. A vous la mort, apostats, qui l'avez renié, « vendu, livré, donné en proie »; qui vous-mêmes êtes à vendre, si déjà vous ne vous êtes vendus. A la gauche est votre place. Que diraient vos pères, grand Dieu ! s'ils vous voyaient courtiser leurs assassins, chanter au lutrin et servir la messe ? Oh ! ils n'ont que trop bien réussi, ceux qui ont travaillé à vous faire ignorer ou mettre en oubli l'exemple et la mémorable parole de Louis de Condé, mourant pour Christ et sa patrie ! Ainsi avait été subornée l'enfance de Scanderberg, abandonné aux muphtis et vouée par eux à l'adoration de Mahomet : son bon sens l'emporta et lui fit mépriser le croissant pour embrasser la croix et vaincre par elle. Notre siècle, hélas! n'a plus « de ces engeances hautes »; les femmes n'ont plus que des rejetons dégénérés. — Or, Dieu s'adresse à eux, et voici en quels termes : « Allez au feu, princes félons et persécuteurs de mon héritage! Et vous, barbares cités de France, qui vous êtes baignées dans le sang de mes brebis, ayez le sort de Jéricho! » Dieu se souvient surtout des fureurs de Paris contre les siens, et ses « rouges cruautés » lui seront un jour rendues : elle aura à subir et les fureurs d'une Ligue et les horreurs d'un siège. Ce seront là, ô cités criminelles, de faibles préliminaires des supplices que l'enfer vous ménage, quand l'Éternel, jugeant et les corps et les âmes », enverra « les bénis à la gloire et les maudits aux flammes ». La chair étant la complice de l'esprit, qu'elle induit en tentation, il faut qu'elle ressuscite pour sentir le châtiment. Rien ne prévaut là contre les vaines objections des Sadducéens. Oui, le corps aura, comme l'âme, sa résurrection. Le ciel en est garant, et les païens eux-mêmes ont affirmé cette croyance, que partout leurs œuvres attestent encore à nos yeux : voyez leurs pyramides et obélisques, leurs lois et usages funéraires, leurs cimetières sacrés, les bustes et les statues, le tombeau de Mausole enfin, cette deuxième merveille du monde. Écoutez ce que chante le divin Pymandre et les secrets qu'il révèle d'Hermès Mercure Trismégiste, c'est-à-dire « trois fois grand ». Le monde est immortel, et tout ce qui le constitue l'est également, — que chacun en demeure convaincu. La terre, en divers lieux, conserve merveilleusement les corps, et ne voit-on pas tous les ans, près du Caire, au vingt-cinq mars, le miracle des ossements qui se relèvent et se meuvent durant trois jours? Soyez donc réjouies, âmes célestes, par la pensée que vous retrouverez « ces corps par vous aimés, et qui vous aimeront ». — Mais quoi! voici la fin des temps, et les prophéties s'accomplissent. La voici, la résurrection des morts, voyez-la se réaliser. Voici le fils de l'homme, le fils de Dieu. La trompette du jugement sonne : les bons sont pleins d'assurance et les méchants tremblent. Dieu le Père apparaît dans sa splendeur ineffable. Un ange appelle les nations à son tribunal. Les bourreaux sont prosternés aux pieds de leurs victimes. Un héraut proclame leur mort, leur mort éternelle. Qui pourrait fuir alors le doigt de Dieu? Tout s'élève contre eux et les accuse; les éléments leur reprochent l'abus qu'ils ont fait d'eux en les faisant servir à leurs cruautés. — Veuille l'Esprit Saint diriger la langue du poëte, afin qu'il ne se laisse pas entraîner par la passion en prononçant ces terribles sentences. — Voici donc les faits et gestes motivant la condamnation de l'Antechrist, voici ses attentats et ses abominations. Il faut maintenant que tous ses faux et blasphématoires attributs de puissance, tiares, mitres, bannières, clefs, « chappes d'or et d'argent, et bonnets d'escarlate, et la pantouffle aussi qu'ont baisée tant de rois », tout cela soit jeté aux pieds du Christ; ils forment à la gauche un énorme monceau. A la droite ce n'est pas l'or qui abonde; ce qu'on y voit, ce sont des haillons de Lazare. Il occupe la place de ceux qui ont refusé de couvrir sa nudité, d'étancher sa soif, d'apaiser sa faim. Et ceux qui ont fait part de leur vêtement, ceux qui ont donné la goutte d'eau et le morceau de pain, ceux-là sont appelés « au royaume éternel d'une éternelle paix ». Soudain quel changement s'opère en eux! Et, d'autre part, quelle scène d'épouvantement, quand les maudits sont rejetés « au gouffre ténébreux des peines éternelles »! Tout ce que l'on vit jamais ici-bas d'effroyables tempêtes ne donne point une idée des horreurs de l'abîme où ils sont plongés sans retour. C'est alors, « enfants du siècle, abusés mocqueurs », que vous expierez vos téméraires bravades et que vous souhaiterez en vain une mort désormais impossible. Mais de tous les tourments que vous endurerez, le pire sera la connaissance et la vue des joies incomparables qui seront, dans le ciel, le partage des élus. — Tableau des satisfactions et des félicités sans nombre qui attendent les saints au séjour céleste. Le poëte, ébloui lui-même de tant de splendeurs, tombe en extase.

LES TRAGIQUES

DONNEZ AU PUBLIC PAR LE LARCIN
DE PROMETHÉE

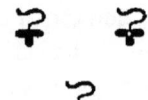

DONNÉ A L'IMPRIMEUR LE 5 AOUST

AUX LECTEURS

Voicy le larron Promethée, qui, au lieu de grace, demande gré de son crime, et pense vous pouvoir justement faire present de ce qui n'est pas à luy, comme ayant desrobé pour vous ce que son maistre vous desroboit à soy-mesme; et, qui plus est, ce feu que j'ay volé mouroit sans air; c'estoit un flambeau sous le muy. Mon charitable peché l'a mis en evidence : je dy charitable à vous et à son autheur. Du milieu des extremitez de la France et mesme de plus loing, notamment d'un vieil pasteur d'Angrongne, plusieurs escripts secondoient les remonstrances de vive voix par lesquelles les serviteurs de Dieu luy reprochoient le talent caché, et quelqu'un en ces termes : « Nous sommes ennuyez de livres qui enseignent; donnez nous-en pour esmouvoir, en un siecle où tout zele chrestien est pery, où la difference du vray et du mensonge est comme abolie, où les mains des ennemis de l'Eglise cachent le sang duquel elles sont tachées soubs les presents, et leurs inhumanitez soubs la liberalité. Les Adiaphoristes, les prophanes mocqueurs, les traficqueurs du droict de Dieu, font monstre de leur douce vie, de leur recompense, et par leur esclat ont esblouy les yeux de nos jeunes gens, que l'honneur ne picque plus, que le peril n'esveille point. » Mon maistre respondoit : « Que voulez-vous que j'espere parmy ces cœurs abastardis, sinon que de voir mon livre jetté aux ordures avec celuy de l'*Estat de l'Eglise*, l'*Aletheye*, le *Resveille-matin*, la *Legende Saincte Catherine*, et autres de cette sorte? Je gagneray une place au rolle des fols, et, de plus, le nom de turbulent, de republicain; on confondra ce que je dy des tyrans pour estre dit des roys, et l'amour loyal et la fidelité que j'ay monstrée par mon espée à mon grand Roy jusques à la fin ; les distinctions que j'apporte partout seront examinées par ceux que j'offence, surtout par l'inique Justice, pour me faire declarer criminel de leze-Majesté. Attendez ma mort, qui ne peut estre loing, et puis examinez mes labeurs; chastiez-les de ce que l'amy et l'ennemy y peuvent reprendre, et en usez alors selon vos equitables jugements. » Telles excuses n'empeschoient point plusieurs doctes vieillards d'appeler nostre autheur devant Dieu et protester contre luy. Outre leurs remonstrances, je me mis à penser ainsy : Il y a trente-six ans et plus que cet œuvre est faict, assavoir aux guerres de septante et sept à Castel-Jaloux, où l'autheur commandoit quelques chevaux-legiers; et, se tenant pour mort pour les plaies receues en un combat, il traça comme pour testament cet ouvrage, lequel encores quelques années après il a peu polir et emplir. Et où sont aujourd'huy ceux à qui les actions, les factions et les choses monstrueuses de ce temps-là sont connües, sinon à fort peu, et dans peu de jours à nul? Qui prendra après nous la peine de lire les rares histoires de nostre siecle, opprimées, esteintes et estouffées par celles des charlatans gagez? Et qui, sans l'histoire, prendra goust aux violences de nostre autheur ? Doncques, avant le reste de la memoire, du zele et des sainctes passions esteintes, mon bon, mon violent desir se changea en courage : je desrobay de derriere les coffres et dessoubs les armoires les paperasses crottées et deschirées desquelles j'ay arraché ce que vous verrez. Je failli encor à quitter mon dessein sur tant de litures et d'abbreviations et mots que l'autheur mesme ne pouvoit lire, pour la precipitation de son esprit en escrivant. Les lacunes que vous y verrez à regret me despleurent au commencement, et puis j'ay estimé qu'elles contraindront un jour un bon pere de ne laisser pas ses enfants ainsy estroppiez. Je croy mesme que nous amenerons l'autheur à favoriser une edition seconde, où non seulement les deffauts seront remplis, mais quelques annotations esclairciront les lieux plus difficiles. Vous trouverez en ce livre un style souvent trop concis, moins poly que les œuvres du siècle, quelques rythmes à la reigle de son siecle, ce qui ne paroist pas aujourd'huy aux pieces qui sortent de mesmes mains, et notamment en quelques unes faictes exprès à l'envi de la mignardise qui court. C'est ce que j'espere vous presenter pour la seconde partie de mon larcin. Ce qui reschauffa mon desir et m'osta la crainte de l'offence, ce fut de voir les impudents larcins des choüettes de ce temps qui glanoyent desja sur le champ fertile avant la moisson. Je vi dans les quatrains de Mathieu jusques à trois vers de suitte desrobez dans le *Traitté des douceurs de l'affliction*, qui estoit une lettre escritte promptement à Madame, de laquelle je vous promets la responce au recueil que j'espere faire. Ainsy l'amour de l'Eglise, qui a besoing de fomentations; l'honneur de celuy que j'offence, auquel je veux oster la negligence de ses enfants, et à ces larrons leur proye, et puis l'obligation que je veux gagner sur les meilleurs de ce siecle, sont les trois excuses que je mets avant pour mon peché. Il vient maintenant à propos que je die quelque chose sur le travail de mon maistre et sur ce qu'il a de particulier. Je l'ay servi vingt et huict ans presque tousjours dans les armées, où il exerçoit l'office de mareschal de camp avec un soing et labeur indicible, comme estimant la principale partie du capitaine d'estre present à tout. Les plus gentilles de ses pièces sortoient de sa main ou à cheval, ou dans les trenchées, se delectant non seulement de la diversion, mais encor de repaistre son esprit de viandes hors de temps et saison. Nous luy reprochions familierement cet empereur qui ne vouloit le poisson de mer que porté de cent lieues. Ce qui nous fachoit le plus, c'estoit la difficulté de luy faire relire. Quelqu'un dira : « Il y paroist en plusieurs endroits »; mais il me semble que ce qui a esté moins parfaict, par sa negligence, vaut bien encor la diligence de plusieurs. J'en dirois davantage si l'excessive loüange de mon Maistre n'estoit en quelque façon la mienne. J'ay pris quelques hardiesses envers luy, comme sur quelques mots qui sentent le vulgaire. Avant nous respondre, il fournissoit tousjours le vers selon nostre desir; mais il disoit que le bon-homme Ronsard, lequel il estimoit par dessus son siecle en sa profession, disoit quelquefois à luy et à d'autres : « Mes enfants, deffendez vostre mere de ceux qui veulent faire servante une damoiselle de bonne maison. Il y a des vocables qui sont françois naturels, qui sentent le vieux, mais le libre françois, comme *dougé, tenue, empour, dorne, bauger, bouge,* et autres de telle sorte. Je vous recommande par testament que vous ne laissiez point perdre ces vieux termes, que vous les employiez et deffendiez hardiment contre des maraux qui ne tiennent pas elegant ce qui n'est point escorché du latin et de l'italien, et qui aiment mieux dire *collauder, contemner, blasonner,* que *loüer, mespriser, blasmer.* Tout cela c'est pour l'escolier de Limosin. » Voylà les propres termes de Ronsard. Après que nous luy remonstrions quelques rythmes qui nous sembloient maigres, il nous disoit que Ronsard, Beze, du Beslay et Jodelle, ne les avoient pas voulu plus fecondes; qu'il n'estoit pas raisonnable que les rythmeurs imposassent des loix sur les poëmes. Sur quelques autres difficultez, comme sur les preterits feminins après les accusatifs, et telles observations, il donnoit cela à la licence et quant à la richesse de la langue. Toutefois, toutes ses œuvres de ce temps ont pris les loix du temps. Et, pour les rythmes des simples aux composez ou des composez aux autres, il n'y en a que trois ou quatre en tout l'œuvre. Il approuve cette rigueur, et l'a suyvie au temps qu'elle a esté establie, sans toutesfois vouloir souffrir que les premiers poëtes de la France en soient mesestimez. Voilà pour les estoffes des parties. Voicy pour la matière generale, et puis je dirai un mot de la disposition.

La matiere de l'œuvre a pour sept livres sept tiltres separez, qui toutefois ont quelque convenance, comme des effects aux causes. Le premier livre s'appelle *Miseres,* qui est un tableau piteux du royaume en general, d'un style bas et tragicque, n'excedant que fort peu les loix de la narration. Les *Princes* viennent après, d'un style moyen, mais satyrique en quelque façon. En cettuy-là il a esgalé la liberté de ses escripts à celle des vies de son temps, denotant le subject de ce second pour instrument du premier. Et puis il a faict contribuer aux causes des miseres l'injustice, soubs le tiltre de la *Chambre dorée;* mais ce troisiesme de mesme style que le second. Le quart, qu'il appelle les *Feux,* est tout entier au sentiment de la religion de l'Autheur et d'un style tragicque moyen. Le cinquiesme sous le nom des *Fers,* d'un style tragicque eslevé, plus poëticque et plus hardy que les autres, sur lequel je veux conter une notable dispute entre les doctes amis de l'autheur. Rapin, un des plus excellents esprits de son siecle, blasma l'invention des tableaux celestes, disant que nul n'avoit jamais entrepris de peindre les

affaires de la terre au ciel, bien les celestes en
terre. L'autheur se deffendoit par les inventions
d'Homere, de Virgile, et de nouveau du Tasse,
qui ont feinct les conseils tenus au ciel, les brigues
et partialitez des celestes sur les affaires des Grecs,
des Romains, et, depuis, des chrestiens. Ce debat
les poussa à en croire de tres-doctes personnages,
lesquels, ayant demandé de voir la tissure de
l'œuvre pour en juger, approuverent l'invention ;
si bien que je garde curieusement des lettres sur
ce subject desrobées à mon maistre incurieux, surtout celle de monsieur de Saincte-Marthe, qui,
aiant esté un des arbitres, dit ainsi : « Vous vous
esgayez dans le ciel pour les affaires du ciel
mesme; j'y ay pris tel goust que je crains vostre
modestie. Au lieu donc de vous descourager, si
vous aviez quelque chose plus haut que le ciel,
vous y debvriez loger ce qui est tout celeste. »
Le livre qui suit le cinquiesme s'appelle *Ven-*
geances: theologien et historial. Luy et le dernier,
qui est le *Jugement,* d'un style eslevé tragicque,
pourront estre blasmez pour la passion partizane ;
mais ce genre d'escrire a pour but d'esmouvoir, et
l'Autheur le tient quitte s'il peut cela sur les esprits
des-ja passionnez, ou pour le moins æquanimes.

Il y a peu d'artifice en la disposition : il y paroist seulement quelques episodies comme pre-
dictions de choses avenues avant l'œuvre clos, que

l'autheur appelloit en riant ses *apopheties*. Bien
veux-je constamment asseurer le lecteur qu'il y en
a qui meritent un nom plus haut, comme escrittes
avant les choses advenues. Je maintien de ce rang
ce qui est à la præface :

>   Je voi venir avec horreur
>   Le Jour qu'au grand temple d'erreur...,

et ce qui suit de la stance.

Aux *Princes*, où tout ce qui est dit du faucon-
nier qui tue son oyseau par une corneille est sur
la mort du Roy Henry troisiesme, et puis aux endroicts qui denotent la mort d'Henry quatriesme,
que je monstrerois estre dit par prediction si les
preuves ne designoient trop mon autheur, vous re-
marquerez aussy bien en la disposition la liberté
des entrées avec exorde, ou celles qu'on appelle
abruptes. Quant aux tiltres des livres, je fus cause
de faire oster des noms estrangers, comme au troisiesme *Ubris*, au dernier *Dan*, aymant mieux que
tout parlast françois.

Or voylà l'estat de mon larcin, que le pere plein
de vie ne pourra souffrir deschiré et mal en poinct
et le pied usé, comme sont les chevaux d'Espagne
qu'on desrobe par les montagnes; il sera con-
trainct de remplir les lacunes, et, si je fay ma paix
avec luy, je vous promets les Commentaires de
tous les poincts difficiles qui vous renvoyroient à

une pénible recerche de l'histoire ou à l'Onomastic. J'ay encor par devers moy deux livres d'Epigrammes françois, deux de latins, que je vous promets à la premiere commodité; et puis des *Polemicques* en diverses langues, œuvres de sa jeunesse; quelques romans; cinq livres de lettres missives, le premier de familieres pleines de railleries non communes, le second de poincts de doctrines desmeslez entre ses amis, le troisiesme de poincts theologaux, le quatriesme d'affaires de la guerre, le cinquiesme d'affaires d'Estat. Mais tout cela attendra l'édition de l'*Histoire*, en laquelle c'est chose merveilleuse qu'un esprit igné et violent de son naturel ne se soit monstré en aucun point partisan, ait escript sans loüanges et blasmes, fidelle tesmoing et jamais juge, se contentant de satisfaire à la question du faict sans toucher à celle du droict.

La liberté de ses autres escrits a faict dire à ses ennemis qu'il affectoit plus le gouvernement aristocraticque que monarchicque, de quoy il fut accusé envers le Roy Henry quatriesme, estant lors Roy de Navarre. Ce Prince, qui avoit des-ja leu tous les *Tragicques* plusieurs fois, les voulut faire lire encores pour justifier ces accusations, et, n'y aiant rien trouvé que supportable, pourtant, pour en estre plus satisfaict, appella un jour nostre Autheur en presence des sieurs du Fay et du Pin, lesquels discouroient avec luy sur les diversitez des estats. Nostre autheur, interrogé promptement quelle estoit de toutes administrations la meilleure, respondit que c'estoit la monarchicque, selon son institution entre les François, et qu'après celle des François il estimoit le mieux celle de Pologne. Pressé davantage sur celle des François, il repliqua : « Je me tiens du tout à ce qu'en dit du Haillan, et tiens pour injuste ce qui en a esté changé, quand ce ne seroit que la submission aux Papes. Philippes le Bel estoit souverain et brave, mais il est difficile que qui subit le joug d'autruy puisse donner à ses subjects un joug supportable. » J'ay voulu alleguer ces choses pour justifier ses escripts, esquels vous verrez plusieurs choses contre la tyrannie, nulle contre la Royauté; et de faict ses labeurs, ses perils et ses playes, ont justifié son amour envers son Roy. Pour vous en montrer son opinion plus au net, j'ay adjousté icy trois stances qui luy serviront de confession en ce qui est de la Royauté; elles sont en une piece qui paroistra, Dieu aydant, parmi les Meslanges, à la premiere occasion. Vers la fin, après la stance qui commence :

Roy, qui te sieds enfant sur la peau de ton père,

suivent :

Le regne est beau mirouer du regime du monde,
Puis l'aristocratie en honneur la seconde,

Suit l'estat populaire, inferieur des trois.
Tout peut se maintenir en regnant par soy-mesme ;
Mais j'appelle les Rois ployez sous un supreme
Tyrans tyrannisez, et non pas de vrais Roys !
    Le Monarque du ciel en soy prend sa justice.
Le prince de l'Enfer exerce le supplice,
Et ne peut ses rigueurs esteindre ou eschauffer.
Le Roy regnant par soy, aussi humble que brave,
Est l'image de Dieu ; mais du tyran esclave
Le dur gouvernement, image de l'Enfer.
    Celuy n'est souverain qui reconnoist un maistre ;
Plus infame valet qui est valet d'un prestre.
Servir Dieu, c'est regner ; ce regne est pur et doux.
Rois de Septentrion, heureux princes et sages,
Vous estes souverains, qui ne debvez hommages,
Et qui ne voiez rien entre le ciel et vous.

Voilà, le plus au vif que j'ay peu, le crayon de mon maistre. Quant à son nom, on n'exprime point les noms dans les tableaux ; il est temps que vous l'oyez par sa bouche, de laquelle vous n'aurez point de loüanges serviles, mais bien des libres et franches veritez.

AUX LECTEURS

DEUX SONNETS DE DANIEL CHAMIER

L'UN POUR METTRE AU DEVANT

DU LIVRE INTITULÉ LES FEUX

POUR LES FEUX

Un mesme esprit de feu fit la saison fertile
Des champions du Christ, qui au feu, qui en l'eau
Et aux fers ont montré ce courage nouveau
Et paisible aux torments, et en la nuict facile.

Mesme feu anima cet Angelique style
Qui fait fleurir les morts et revivre au tombeau
Encouragea l'autheur aux mespris du couteau,
Et d'un funeste arrest et de la mort civile.

Tesmoing des saincts tesmoings, vray martyr des martyrs,
Tu te mesle avec eux pour le moins de desirs.
Chacun de vous faict part de l'estat où vous estes,

Et là prend de l'autruy : car, en changeant de sort,
Tu les fais, Aubigné, après leur mort poëtes
Ils te font, Aubigné, martyr avant ta mort.

AUX LECTEURS

SONNET DU MESME

POUR LES JUGEMENTS

Et vous ne pensiez pas, ô monstres de nature !
Vous ne le croyiez pas, qu'il y eust dans les cieux
Un Dieu qui recerchast, et juste et curieux,
Vos forfaicts, pour en faire une vengeance dure !

Voyez-le, ô malheureux ! dans la belle peinture
Des tableaux d'Aubigné, et, consequentieux,
Vivez, doresnavant sans desmentir vos yeux,
Repeus des doctes traicts de cette portraiture.

Que pensez-vous, meschants ? Les bons meurent de peur
Aux foudres de ces vers qui leur font voir l'erreur (sic)
De vos maux et des maux qui vos maux vont suivant.

Braves vers, graves vers, qui d'une voix terrible
Vous crient : O Tyrans ! voyez qu'il est horrible
De choir entre les mains de ce grand Dieu vivant.

SONNET

QU'UNE PRINCESSE ESCRIVIT A LA FIN DES TRAGICQUES

O trop subtil larron, ou bien hardi preneur ;
Non preneur seulement, mais voleur ordinaire ;
Non seulement voleur, mais tyran sanguinaire,
Qui, abbaissant autruy, fay gloire de ton heur ;

AUX LECTEURS

Enchanteur des esprits et violent sonneur,
Qui tonnant nous estonne, et parlant nous faict taire,
Et n'épargnant la main non plus que l'adversaire,
Fay tiens les biens, la vie, l'âme avec l'honneur.

Tu monstres ton enfant, tu fais cacher les nostres;
Tu prends tout seul le los qu'on partageoit aux autres,
Tu le rends des neuf sœurs maistre, et non pas mignon.

Tu ravis d'Apollon la lyre avec main forte,
Et au lieu qu'en fureur Parnasse nous transporte,
Tu transportes Parnasse au desert du d'Ognon.

PRÉFACE

L'AUTHEUR A SON LIVRE

A, Livre, tu n'es que trop beau
Pour estre né dans le tombeau
Duquel mon exil te delivre ;
Seul pour nous deux je veux perir :
Commence, mon enfant, à vivre,
Quand ton pere s'en va mourir.
   Encores vivray-je par toy,
Mon filz, comme tu vis par moy ;
Puis il faut, comme la nourrice
Et fille du Romain grison,
Que tu allaicte et tu cherisse
Ton pere en exil, en prison.
   Pour hardy, ne te cache point ;
Entre chez les Rois mal en poinct ;

Que la pauvreté de ta robbe
Ne te fasse honte ni peur,
Ne te diminue ou desrobe
La suffisance ni le cœur.
  Porte comme au Senat romain
L'advis et l'habit du vilain
Qui vint du Danube sauvage,
Et monstra, hideux, effronté,
De la façon, non du langage,
La mal-plaisante verité.
  Si on te demande pourquoy
Ton front ne se vante de moy,
Dis-leur que tu es un posthume
Desguisé, craintif et discret,
Que la Verité a coustume
D'accoucher en un lieu secret.
  Ta trenche n'a or ne couleur;
Ta couverture sans valeur
Permet, s'il y a quelque joye,
Aux bons la trouver au dedans;
Aux autres facheux je t'envoye
Pour leur faire grincer les dents.
  Aux uns tu donneras de quoy
Gemir et chanter avec toy,
Et les autres en ta lecture,
Fronçants le sourcil de travers,
Trouveront bien la couverture
Plus aggreable que tes vers.

PRÉFACE

Pauvre enfant, comment parois-tu
Paré de la seule vertu ?
Car, pour une ame favorable,
Cent te condamneront au feu ;
Mais c'est ton but invariable
De plaire aux bons et plaire à peu.

   Ceux que la peur a revoltez
Diffameront tes veritez,
Comme faict l'ignorante lie :
Heureux livre qui en deux rangs
Distingue la troupe ennemie
En lasches et en ignorants.

   Bien que de moy des-ja soit né
Un pire et plus heureux aisné,
Plus beau et moins plein de sagesse,
Il chasse les cerfs et les ours,
Tu desniaises son aisnesse
Et son partage est en amours.

   Mais le second, pour plaire mieux
Aux vitieux, fut vitieux :
Mon esprit par luy fit espreuve
Qu'il estoit de feu transporté ;
Mais ce feu plus propre se treuve
A brusler qu'à donner clarté.

   J'eus cent fois envie et remord
De mettre mon ouvrage à mort.
Je voulois tuer ma folie :
Cet enfant bouffon m'appaisoit.

*En fin, pour la fin de sa vie
Il me despleut, car il plaisoit.
   Suis-je fascheux de me joüer
A mes enfants, de les loüer ?
Amis, pardonnez-moi ce vice :
S'ils sont camus et contrefaicts,
Ni la mere ni la nourrice
Ne trouvent point leurs enfants laids.
   Je pense avoir esté sur eux
Et pere et juge rigoureux :
L'un à regret a eu la vie,
A mon gré chaste et assez beau ;
L'autre ensevelit ma folie
Dedans un oublieux tombeau.
   Si, en mon volontaire exil,
Un juste et severe sourcil
Me reprend de laisser en France
Les traces de mon perdu temps,
Ce sont les fleurs et l'esperance,
Et cecy les fruicts de mes ans.
   Aujourd'huy abordé au port
D'une douce et civile mort,
Comme en une terre feconde,
D'autre humeur je fay d'autres vers,
Marri d'avoir laissé au monde
Ce qui plaist au monde pervers.
   Alors je n'adorois sinon
L'image vaine du renom,*

PRÉFACE

Renom de douteuse esperance :
Icy sans espoir, sans esmoi,
Je ne veux autre recompense
Que dormir satisfaict de moi.
   Car la gloire nous n'estallons
Sur l'eschaffaut en ces vallons ;
En ma libre-franche retraitte,
Les triomphes des orgueilleux
N'entrent pas dedans ma logette,
Ni les desespoirs sourcilleux.
   Mais, là où les triomphes vains
Peuvent dresser leurs chefs hautains,
Là où se tient debout le vice,
Là est le logis de la peur ;
Ce lieu est lieu de precipice,
Faict dangereux par sa hauteur.
   Vallons d'Angrongne bien heureux,
Vous bien-heureux les mal-heureux,
Separants des fanges du monde
Vostre chrestienne liberté,
Vous deffendez à coups de fonde
Les logis de la Verité.
   Dedans la grotte d'un rocher
La pauvrette a voulu cercher
Sa maison, moins belle et plus seure ;
Ses pertuis sont arcs triomphants,
Où la fille du ciel asseure
Un azile pour ses enfants.

PRÉFACE

 Car je la trouve dans le creux
Du logis de soy tenebreux,
Logis esleu pour ma demeure,
Où la verité sert de jour,
Où mon ame veut que je meure,
Furieuse de sainct amour.
 Je cerchois de mes tristes yeux
La verité aux aspres lieux,
Quand de cette obscure tasniere
Je vis resplendir la clarté
Sans qu'il y eust autre lumiere
Sa lumiere estoit sa beauté.
 J'attache le cours de mes ans
Pour vivre à jamais au dedans :
Mes yeux, de la premiere veüe,
Bien que transis et esplorez,
L'eurent à l'instant recognuë
A ses habits tout dechirez.
 « C'est toy, di-je, qui sceus ravir
Mon ferme cœur à te servir ;
A jamais tu seras servie
De luy, tant qu'il sera vivant.
Peut-on mieux conserver sa vie
Que [de] la perdre en te servant ?
 « De celuy qui aura porté
La rigoureuse verité
Le salaire est la mort certaine :
C'est un loyer bien à propos :

PRÉFACE

Le repos est fin de la peine,
Et la mort est le vray repos. »
   Je commençois à arracher
Des cailloux polis d'un rocher,
Et elle tordoit une fonde ;
Puis nous jettions par l'univers,
En forme d'une pierre ronde,
Ses belles plaintes et mes vers.
   Quelquefois, en me proumenant,
La verité m'alloit menant
Aux lieux où celle qui enfante,
De peur de se perdre, se perd,
Et où l'Eglise qu'on tourmente
S'enferma d'eau dans le desert.
   O desert promesse des cieux,
Infertille, mais bien-heureux !
Tu as une seule abondance,
Tu produis les celestes dons,
Et la fertilité de France
Ne gist qu'en espineux chardons
   Tu es circuï, non surpris,
Et menacé sans estre pris.
Le dragon ne peut, et s'essaie :
Il ne peut nuire que des yeux.
Assez de cris et nulle plaie
Ne force le destin des cieux.
   Quel chasteau peut si bien loger ?
Quel roy si heureux qu'un berger ?

Quel sceptre vaut une houlette ?
Tyrans, vous craignez mes propos :
J'auray la paix en ma logette,
Vos palais seront sans repos.

Je sens ravir dedans les cieux
Mon ame aussy bien que mes yeux
Quand en ces montagnes j'advise
Ces grands coups de la verité
Et les beaux combats de l'Eglise
Signalez à la pauvreté.

Je voy les places et les champs,
Là où l'effroy des braves camps,
Qui de tant de rudes batailles
Rapportoient les fers triomphants,
Purent les chiens de leurs entrailles
Deffaicts de la main des enfants.

Ceux qui par tant et tant de fois
Avoient veu le dos des François
Eurent bras et cœur inutile ;
Comme cerfs paoureux et legers,
Ils se virent chassez trois mille
Des fondes de trente bergers.

Là l'enfant attend le soldat,
Le pere contre un chef combat,
Encontre le tambour qui gronde
Le psalme esleve son doux ton,
Contre l'acquebouze la fonde,
Contre la picque le baston.

PRÉFACE

*Là l'enseigne voloit en vain,
En vain la trompette et l'airin,
Le phifre espouvante au contraire
Ceux-là qu'il debvoit eschauffer :
Ils sentoient que Dieu sçavoit faire
La toile aussi dure que fer.*

*L'ordre tesmoing de leur honneur
Aux chefs ne rechauffa le cœur ;
Rien ne servit l'experience
Des braves lieutenants de Roy :
Ils eurent peur sans connoissance
Comment ils fuyoient et pourquoy.*

*Aux cœurs de soy victorieux
La Victoire fille des cieux
Et la Gloire aux ailes dorées
Presentent chacune un chappeau ;
Les insolences esgarées
S'esgarent loing de ce troupeau.*

*Dieu fit là merveille, ce lieu
Est le sanctuaire de Dieu ;
Là Satan n'a l'yvroie mise
Ni la semence de sa main ;
Là les agnelets de l'Eglise
Sautent au nez du loup romain.*

*N'est-ce pour ouvrir noz esprits ?
N'avons-nous pas encore appris
Par David que les grands du monde
Sont impuissants encontre nous,*

PRÉFACE

Et que Dieu ne veut qu'une fonde
Pour instrument de son courroux ?
   Il se veut rendre assubjectis,
Par les moiens les plus petits,
Les fronts plus hautains de la terre ;
Et, pour terrasser à l'envers
Les Pharaons, il leur faict guerre
Avec les mouches et les vers.
   Les Cireniens enragez,
Un jour en bataille rangez,
Despitoient le ciel et le foudre,
Voulants arracher le soleil ;
Et Dieu prit à leurs piedz la poudre
Pour ses armes et leur cercueil.
   Quand Dieu veut nous rendre vaincœurs,
Il ne choisit rien que les cœurs,
Car toutes mains luy sont pareilles,
Et mesmes entre les payens,
Pour y desployer ses merveilles,
Il s'est joüé de ses moyens.
   L'exemple de Scevole est beau,
Qui, ayant failly du couteau,
Chassa d'une brave parolle
L'ennemy du peuple Romain ;
Et le feu qu'endura Scevole
Fit plus que le coup de sa main.
   Contre les tyrans violents
Dieu choisit les cœurs plus bruslants ;

PRÉFACE

Et quand l'Eglise se renforce
D'autres que de ses citoyens,
Alors Dieu affoiblit sa force,
La maudit et tous ses moyens.
    Car, quand l'Eternel fit le choix
Des deux des premiers de ses Roys,
Rien pour les morgues trompcresses
Ne se fit, ni pour les habits :
L'un fut pris entre les asnesses,
Et l'autre entre les brebis.
    O mauvais secours aux dangers
Qu'un chef tiré des estrangers !
Heureuse françoise province
Quand Dieu propice t'accorda
Un prince, et te choisit un prince
Des pavillons de son Juda.
    Mal-heur advint sur nos François
Quand nous bastimes sur François
Et ses mal-contentes armées
Les forces d'un Prince plus fort :
Hélas! elles sont consumées,
Et nous sur le sueil de la mort.
    Autant de tisons de courroux
De Dieu courroucé contre nous
Furent ces troupes blasphemantes :
Nous avons appris cette fois
Que ce sont choses differentes
Que l'Estat de Dieu et des Roys.

PRÉFACE

Satan, ennemi caut et fin,
Tu voyois trop proche ta fin;
Mais tu vis d'un œil pasle et blesme
Nos cœurs ambitieux jaloux,
Et des-lors tu nous fis nous mesmes
Combattre pour et contre nous.

Les Samsons, Gedeons, et ceux
Qui n'espargnerent paresseux
Le corps, le hasard et la peine,
Pour, dans les feux d'un chaud esté,
Boire la glace à la fontaine,
Remenerent la Verité.

Rend-toy, d'un soin continuel,
Prince, Gedeon d'Israël;
Boy le premier dedans l'eau vive,
En cette eau trempe aussy ton cœur:
Il y a de la peine oisive
Et du desir qui est labeur.

Bien que tu as autour de toy
Des cœurs et des yeux pleins de foy,
J'ai peur qu'une Dalide fine
Couppe ta force et tes cheveux,
Te livre à la gent Philistine
Qui te prive de tes bons yeux.

Je voi venir avec horreur
Le jour qu'au grand temple d'erreur
Tu feras rire l'assistance;
Puis, donnant le dernier effort

PRÉFACE

Aux deux colomnes de la France,
Tu te baigneras en la mort.
  Quand ta bouche renoncera
Ton Dieu, ton Dieu la percera,
Punissant le membre coupable;
Quand ton cœur, desloyal mocqueur,
Comme elle sera punissable,
Alors Dieu percera ton cœur.
  L'amour premier t'aveuglera
Et puis le meurtrier frappera.
Desja ta veuë enveloppée
N'attend que le coup du couteau,
Ainsy que la mortelle espée
Suit de près le triste bandeau.
  Dans ces cabinets lambrissez,
D'idoles de cour tapissez,
N'est pas la verité connüe :
La voix du Seigneur des Seigneurs
S'escrit sur la roche cornüe,
Qui est plus tendre que nos cœurs.
  Ces monts ferrez, ces aspres lieux,
Ne sont pas si doux à nos yeux,
Mais l'ame y trouve ses delices ;
Et, là où l'œil est contenté
Des braves et somptueux vices,
L'œil de l'ame y est tourmenté.
  Echos, faictes doubler ma voix,
Et m'entendez à cette fois ;

PRÉFACE

Mi-celestes roches cornües,
Poussez mes plaintes dedans l'air,
Les faisant du recoup des nues
En France une autre fois parler.
 Amis, en voyant quelquefois
Mon ame sortir de ses loix,
Si pour bravement entreprendre
Vous reprenez ma saincte erreur,
Pensez que l'on ne peut reprendre
Toutes ces fureurs sans fureur.
 Si mon esprit audacieux
Veut peindre le secret des cieux,
J'attaque les dieux de la terre :
Il faut bien qu'il me soit permis
De fouiller, pour leur faire guerre,
L'arcenal de leurs ennemis.
 Je n'excuse pas mes escrits
Pour ceux-là qui y sont repris :
Mon plaisir est de leur desplaire.
Amis, je trouve en la raison
Pour vous et pour eux fruict contraire,
La medecine et le poison.
 Vous loüerez Dieu, ils trembleront ;
Vous chanterez, ils pleureront :
Argument de rire et de craindre
Se trouve en mes vers, en mes pleurs,
Pour redoubler et pour estreindre
Et vos plaisirs et leurs fureurs.

Je plains ce qui m'est ennemy,
Les monstrant j'ay pour eux gemy :
Car qui veut garder la justice,
Il faut haïr distinctement
Non la personne, mais le vice,
Servir, non cercher l'argument.

Je sçay que les enfants biens nez
Ne chantent, mais sont estonnez,
Et ferment les yeux debonnaires
(Comme deux des fils de Noé),
Voyants la honte de leurs peres
Que le vin fumeux a noyé.

Ainsy un temps de ces felons
(Les yeux bouchez à reculons)
Nous cachions l'orde vilenie ;
Mais nous les trouvons ennemis ;
Et nos peres de la patrie,
Qui ne pechent plus endormis.

Rend donc, ó Dieu, si tu connois
Mon cœur meschant, ma voix sans voix.
O Dieu ! tu l'esleve au contraire ;
C'est trop retenu mon debvoir ;
Ce qu'ils n'ont pas horreur de faire,
J'ay horreur de leur faire voir.

Sors, mon œuvre, d'entre mes bras ;
Mon cœur se plaint, l'esprit est las
De cercher au droict une excuse :
Je vay le jour me refusant

PRÉFACE

Lorsque le jour je te refuse,
Et je m'accuse en t'excusant.
Tu es né legitimement,
Dieu mesme a donné l'argument ;
Je ne te donne qu'à l'Eglise :
Tu as pour support l'equité,
La verité pour entreprise,
Pour loyer l'immortalité.

LES TRAGIQUES

—

MISERES

LIVRE PREMIER

MISERES

Puisqu'il faut s'attaquer aux legions de Rome,
Aux monstres d'Italie, il faudra faire comme
Hannibal, qui, par feux d'aigre humeur arrosez,
Se fendit un passage aux Alpes embrazez.
Mon courage de feu, mon humeur aigre et forte,
Au travers des sept monts fait breche au lieu de porte.
Je brise les rochers et le respect d'erreur
Qui fit douter Cœsar d'une vaine terreur.
Il vit Rome tremblante, affreuse, eschevelée,
Qui, en pleurs, en sanglots, mi-morte, desolée,
Tordant ses doigts, fermoit, deffendoit de ses mains
A Cœsar le chemin au lieu de ses germains.

Mais dessous les autels des idoles j'advise
Le visage meurtry de la captive Eglise,
Qui à sa delivrance (aux despens des hazards)
M'appelle, m'animant de ses trenchants regards.
Mes desirs sont des-ja volez outre la rive
Du Rubicon troublé; que mon reste les suive
Par un chemin tout neuf, car je ne trouve pas
Qu'autre homme l'ait jamais escorché de ses pas.
Pour Mercures croisez, au lieu de Pyramides,
J'ay de jour le pilier, de nuict les feux pour guides.
Astres, secourez-moy; ces chemins enlacez
Sont par l'antiquité des siecles effacez,
Si bien que l'herbe verde en ses sentiers accrüe
Est faicte une prairie espaisse, haute et drüe.
Là où estoient les feux des Prophetes plus vieux,
Je tends comme je puis le cordeau de mes yeux,
Puis je cours au matin, de ma jambe arrosée
J'esparpille à costé la première rosée,
Ne laissant après moy trace à mes successeurs
Que les reins tous ployez des inutiles fleurs,
Fleurs qui tombent si tost qu'un vray soleil les touche,
Ou que Dieu senera par le vent de sa bouche.
   Tout-puissant, tout-voyant, qui du haut des hauts cieux
Fends les cœurs plus serrez par l'esclair de tes yeux,
Qui fis tout, et conneus tout ce que tu fis estre :
Tout parfaict en ouvrant, tout parfait en connoistre,
De qui l'œil tout courant, et tout voyant aussy,
De qui le soing sans soing prend de tout le soucy,

De qui la main forma exemplaires et causes,
Qui preveus les effects dès le naistre des choses;
Dieu, qui d'un style vif, comme il te plaist, escris
Le secret plus obscur en l'obscur des esprits,
Puis que de ton amour mon ame est eschauffée,
Jalouze de ton nom, ma poictrine, embrazée
De ton feu pur, repurge aussy de mêmes feux
Le vice naturel de mon cœur vitieux;
De ce zele tres-sainct rebrusle-moy encore,
Si que (tout consommé au feu qui me devore,
N'estant serf de ton ire, en ire transporté
Sans passion) je sois propre à ta verité.
Ailleurs qu'à te loüer ne soit abandonnée
La plume que je tiens, puis que tu l'as donnée.
 Je n'escry plus les feux d'un amour inconneu;
Mais, par l'affliction plus sage devenu,
J'entreprens bien plus haut, car j'apprens à ma plume
Un autre feu, auquel la France se consume.
Ces ruisselets d'argent que les Grecs nous feignoient,
Où leurs poëtes vains beuvoient et se baignoient,
Ne courent plus icy; mais les ondes si claires,
Qui eurent les saphyrs et les perles contraires,
Sont rouges de nos morts; le doux bruit de leurs flots,
Leur murmure plaisant, hurte contre des os.
Telle est, en escrivant, non ma commune image;
Autre fureur qu'amour reluit en mon visage.
Sous un inique Mars, parmy les durs labeurs
Qui gastent le papier, et l'ancre de sueurs,

Au lieu de Thessalie aux mignardes vallées,
Nous avortons ces chants au millieu des armées,
En delassant nos bras de crasse tous roüillez,
Qui n'osent s'esloigner des brassards despoüillez.
Le luth que j'accordois avec mes chansonnettes
Est ores estouffé de l'esclat des trompettes :
Icy le sang n'est feint, le meurtre n'y deffaut,
La Mort jouë elle-mesme en ce triste eschaffaut ;
Le juge criminel tourne et emplit son urne ;
D'icy, la botte en jambe, et non pas le cothurne,
J'appelle Melpomene, en sa vive fureur,
Au lieu de l'Hypocrene, esveillant cette sœur
Des tombeaux rafraischis, dont il faut qu'elle sorte,
Eschevellée, affreuse, et bramant en la sorte
Que faict la biche après le faon qu'elle a perdu.
Que la bouche luy saigne, et son front esperdu
Face noircir du ciel les voûtes esloignées ;
Qu'elle esparpille en l'air de son sang deux poignées,
Quand, espuisant ses flancs de redoublez sanglots,
De sa voix enroüée elle bruira ces mots :
   « O France desolée ! ô terre sanguinaire !
Non pas terre, mais cendre : ô mere ! si c'est mere
Que trahir ses enfants aux douceurs de son sein,
Et, quand on les meurtrit, les serrer de sa main.
Tu leur donnes la vie, et dessous ta mammelle
S'esmeut des obstinez la sanglante querelle ;
Sur ton pis blanchissant ta race se debat,
Et le fruict de ton flanc faict le champ du combat. »

Je veux peindre la France une mere affligée,
Qui est entre ses bras de deux enfants chargée.
Le plus fort, orgueilleux, empoigne les deux bouts
Des tetins nourriciers; puis, à force de coups
D'ongles, de poings, de pieds, il brise le partage
Dont nature donnoit à son besson l'usage :
Ce voleur acharné, cet Esau malheureux,
Faict degast du doux laict qui doibt nourrir les deux,
Si que, pour arracher à son frere la vie,
Il mesprise la sienne et n'en a plus d'envie ;
Lors son Jacob, pressé d'avoir jeusné meshuy,
Ayant dompté longtemps en son cœur son ennuy,
A la fin se defend, et sa juste colere
Rend à l'autre un combat dont le champ est la mere.
Ni les souspirs ardens, les pitoyables cris,
Ni les pleurs rechauffez, ne calment leurs esprits ;
Mais leur rage les guide et leur poison les trouble,
Si bien que leur courroux par leurs coups se redouble.
Leur conflict se rallume et faict si furieux
Que d'un gauche malheur ils se crevent les yeux.
Cette femme esplorée, en sa douleur plus forte,
Succombe à la douleur, mi-vivante, mi-morte ;
Elle voit les mutins tous deschirez, sanglants,
Que, ainsy que du cœur, des mains se vont cerchants,
Quand, pressant à son sein d'une amour maternelle
Celuy qui a le droict et la juste querelle,
Elle veut le sauver, l'autre, qui n'est pas las,
Viole en poursuivant l'asyle de ses bras.

Adonc se perd le laict, le suc de sa poictrine ;
Puis, aux derniers aboys de sa proche ruine,
Elle dit : « Vous avez, felons, ensanglanté
Le sein qui vous nourrit et qui vous a porté ;
Or, vivez de venin, sanglante geniture.
Je n'ay plus que du sang pour vostre nourriture ! »
  Quand esperdu je voy les honteuses pitiez,
Et du corps divisé les funebres moitiez ;
Quand je voy s'apprester la tragedie horrible
Du meurtrier de soy-mesme, aux autres invincible,
Je pense encore voir ung monstrueux geant
Qui va de braves mots les hauts cieux outrageant,
Superbe, florissant, si brave qu'il se treuve
Nul qui de sa valeur entreprenne la preuve ;
Mais, lorsqu'il ne peut rien rencontrer au dehors
Qui de ses bras nerveux endure les efforts,
Son corps est combattu, à soy-mesme contraire ;
Le sang pur ha le moins : le flegme et la colere
Rend le sang non plus sang ; le peuple abat ses loix :
Tous nobles et tous roys, sans nobles et sans roys ;
La masse degenere en la melancholie ;
Ce vieil corps tout infect, plein de sa discrasie,
Hydropique, faict l'eau, si bien que ce geant,
Qui alloit de ses nerfs ses voisins outrageant,
Aussy foible que grand, n'enfle plus que son ventre ;
Ce ventre dans lequel tout se tire, tout entre,
Ce faux dispensateur des commungs excrements
N'envoye plus aux bords les justes aliments ;

Des jambes et des bras les os sont sans moelle ;
Il ne va plus en haut, pour nourrir la cervelle,
Qu'un chime venimeux, dont le cerveau nourry
Prend matiere et liqueur d'un champignon pourry.
Ce grand geant, changé en une horrible beste,
A, sur ce vaste corps, une petite teste,
Deux bras foibles, pendants, des-ja secs, des-ja morts,
Impuissants de nourrir et deffendre le corps ;
Les jambes sans pouvoir porter leur masse lourde,
Et à gauche et à droict font porter une bourde.
   Financiers, justiciers, qui opprimez de faim
Celuy qui vous faict naistre ou qui deffend le pain,
Soubs qui le laboureur s'abbreuve de ses larmes,
Qui souffrez mandier la main qui tient les armes,
Vous, ventre de la France, enflé de ses langueurs,
Faisant orgueil de vent, vous monstrez vos vigueurs.
Voyez la tragedie, abbaissez vos courages.
Vous n'estes spectateurs, vous estes personages :
Car encor vous pourriez contempler de bien loing
Une nef sans pouvoir luy aider au besoing,
Quand la mer l'engloutit, et pourriez de la rive,
En tournant vers le ciel la face demi-vive,
Plaindre sans secourir ce mal oisivement.
Mais quand, dedans la mer, la mer pareillement
Vous menace de mort, courez à la tempeste :
Car avec le vaisseau vostre ruine est preste.
   La France donc encor est pareille au vaisseau
Qui, outragé des vents, des rochers et de l'eau,

Loge deux ennemis : l'un tient avec sa troupe
La proüe, et l'autre a pris sa retraitte à la pouppe.
De canons et de feux chacun met en esclats
La moitié qui s'oppose, et font verser en bas,
L'un et l'autre enyvré des eaux et de l'envie,
Ensemble le navire et la charge et la vie,
En cela le vainqueur ne demeurant plus fort
Que de voir son haineux le premier à la mort,
Qu'il seconde, authochyre, aussy tost de la sienne,
Vainqueur, comme l'on peut vaincre à la cadmeene.

 Barbares en effect, François de nom, François,
Vos fausses loix ont eu des faux et jeunes roys,
Impuissants sur leurs cœurs, cruels en leur puissance ;
Rebelles, ils ont veu la desobeissance.
Dieu sur eux et par eux desploia son courroux,
N'ayant autres bourreaux de nous-mesmes que nous.

 Les roys, qui sont du peuple et les roys et les peres,
Du troupeau domesticq sont les loups sanguinaires ;
Ils sont l'ire allumée et les verges de Dieu,
La crainte des vivants ; ils succedent au lieu
Des heritiers des morts ; ravisseurs de pucelles,
Adulteres, souillants les couches des plus belles
Des maris assommez, ou bannis pour leur bien,
Ils courent sans repos, et, quand ils n'ont plus rien
Pour souler l'avarice, ils cerchent autre sorte
Qui contente l'esprit d'une ordure plus forte.
Les vieillards enrichis tremblent le long du jour ;
Les femmes, les maris, privez de leur amour,

Par l'espais de la nuict se mettent à la fuitte ;
Les meurtriers souldoyez s'eschauffent à la suitte.
L'homme est en proye à l'homme : un loup à son pareil.
Le pere estrangle au lict le fils, et le cercueil
Preparé par le fils sollicite le pere.
Le frere avant le temps herite de son frere.
On trouve des moyens, des crimes tout nouveaux,
Des poisons inconnus, ou les sanglants cousteaux
Travaillent au midy, et le furieux vice
Et le meurtre public ont le nom de justice.
Les belistres armez ont le gouvernement,
Le sac de nos citez ; comme anciennement
Une croix bourguignonne espouvantoit nos peres,
Le blanc les faict trembler, et les tremblantes meres
Pressent à l'estomach leurs enfants esperdus,
Quand les grondants tambours sont battants entendus.
Les places de repos sont places estrangeres,
Les villes du millieu sont les villes frontieres ;
Le village se garde, et nos propres maisons
Nous sont le plus souvent garnisons et prisons.
L'honorable bourgeois, l'exemple de sa ville,
Souffre devant ses yeux violer femme et fille,
Et tomber sans mercy dans l'insolente main
Qui s'estendoit naguere à mandier du pain.
Le sage justicier est traisné au supplice,
Le mal-faicteur luy faict son procès ; l'injustice
Est principe de droict ; comme au monde à l'envers,
Le vieil pere est fouëtté de son enfant pervers.

Celuy qui en la paix cachoit son brigandage,
De peur d'estre puni, estalle son pillage.
Au son de la trompette, au plus fort des marchez,
Son meurtre et son butin sont à l'ancan preschez,
Si qu'au lieu de la roüe, au lieu de la sentence,
La peine du forfaict se change en recompense.
Ceux qui n'ont discerné les querelles des grands
Au lict de leur repos tressaillent, entendants,
En paisible minuict, que la ville surprise
Ne leur promet sauver rien plus que la chemise.
Le soldat trouve encor quelque espece de droict,
Et mesme, s'il pouvoit, sa peine il luy vendroit.
L'Espagnol mesuroit les rançons et les tailles
De ceux qu'il retiroit du meurtre des batailles
Selon leur revenu ; mais les François n'ont rien,
Pour loy de la rançon des François, que le bien.
Encor vous bien-heureux qui, aux villes fermées,
D'un mestier inconnu avez les mains armées,
Qui goustez en la peur l'alternatif sommeil
De qui le repos est à la fievre pareil ;
Mais je te plains, rusticq, qui, ayant, la journée,
Ta pentelante vie en rechignant gaignée,
Reçois au soir les coups, l'injure et le tourment,
Et la fuitte et la faim, injuste payement.
Le paysan de cent ans, dont la teste chenuë
Est couverte de neige, en suivant sa charruë,
Voit galopper de loing l'argolet outrageux,
Qui d'une rude main arrache les cheveux,

L'honneur du vieillard blanc, picqué de son ouvrage,
Par qui la seule faim se trouvoit au village.
Ne voit-on pas des-ja, dès trois lustres passez,
Que les peuples fuiards des villages chassez
Vivent dans les forests : là chacun d'eux s'asserre
Au ventre de leur mere, aux cavernes de terre;
Ils cerchent, quand l'humain leur refuse secours,
Les bauges des sangliers et les roches des ours,
Sans conter les perdus, à qui la mort propice
Donne poison, cordeau, le fer, le precipice.

 Ce ne sont pas les grands, mais les simples paysans,
Que la terre connoist pour enfants complaisants.
La terre n'ayme pas le sang ni les ordures.
Il ne sort des tyrans et de leurs mains impures
Qu'ordures ni que sang. Les aimez laboureurs
Ouvragent son beau sein de si belles couleurs,
Font courir les ruisseaux dedans les verdes prées,
Par les sauvages fleurs en esmail diaprées;
Ou par ordre et compas les jardins azurez
Monstrent au ciel riant leurs carreaux mesurez,
Les parterres tondus, et les droictes allées
Des droicturieres mains au cordeau sont reiglées;
Ils sont peintres, brodeurs, et puis leurs grands tapis
Noircissent de raisins et jaunissent d'espics ;
Les ombreuses forests, leurs demeures plus franches,
Esventent leurs sueurs et les couvrent de branches.
La terre semble donc, pleurante de souci,
Consoler les petits en leur disant ainssi :

« Enfants de ma douleur, du haut du ciel l'ire esmeuë,
Pour me vouloir tuer, premierement vous tuë ;
Vous languissez, et lors le plus doux de mon bien
Va soulant de plaisir ceux qui ne valent rien.
Or, attendant le temps que le ciel se retire,
Ou que le Dieu du ciel destourne ailleurs son ire,
Pour vous faire gouster de ses douceurs après,
Cachez-vous soubs ma robbe en mes noires forests,
Et, au fond du malheur, que chacun de vous entre
Par deux fois, mes enfants, dans l'obscur de mon ventre.
Les faineants ingrats font brusler vos labeurs,
Vos seins sentent la faim et vos fronts les sueurs.
Je mets de la douceur aux ameres racines,
Car elles vous seront viande et medecines,
Et je retireray mes benedictions
De ceux qui vont sucçant le sang des nations :
Tout pour eux soit amer ; qu'ils sortent, execrables,
Du lict sans reposer, allouvis de leurs tables. »
 Car, pour monstrer comment en la destruction
L'homme n'est plus un homme, il prend refection
Des herbes, des charongnes, des viandes non prestes,
Ravissant les repas apprestez pour les bestes.
La racine douteuse est prise sans danger,
Bonne, si on la peut amollir et manger.
Le conseil de la faim apprend aux dents par force
A piller des forests et la robbe et l'escorce.
La terre sans façon a honte de se voir,
Cerche encor[e] des mains et n'en peut plus avoir.

Tout logis est exil ; les villages champestres,
Sans portes et planchers, sans portes et fenestres,
Font une mine affreuse, ainsy que le corps mort
Monstre, en monstrant les os, que quelqu'un luy faict tort.
Les loups et les renards et les bestes sauvages
Tiennent place d'humains, possedent les villages,
Si bien qu'en mesme lieu où, en paix, on eut soing
De reserrer le pain, on y cueille le foing.
Si le rusticque peut desrober à soy-mesme
Quelque grain recelé par une peine extresme,
Esperant sans espoir la fin de ses malheurs,
Lors on peut voir coupler troupe de laboureurs,
Et d'un soc attaché faire place en la terre
Pour y semer le bled, le soustien de la guerre ;
Et puis, l'an ensuivant, les miserables yeux
Qui des sueurs du front trempoient, laborieux
Quand, subissant le joug des plus serviles bestes,
Liez comme des bœufs, ils se couploient par testes,
Voyant d'un estranger la ravissante main
Qui leur tire la vie et l'espoir et le grain.
Alors, baignez en pleurs, dans les bois ils retournent ;
Aux aveugles rochers les affligez, sejournent ;
Ils vont souffrant la faim, qu'ils portent doucement,
Au pris du desplaisir et infernal tourment
Qu'ils sentirent jadis, quand leurs maisons remplies
De demons encharnez, sepulchres de leurs vies,
Leur servoient de crottons, ou pendus par les doigts
A des cordons tranchants, ou attachez au bois

Et couchez dans le feu, ou de graisses flambantes
Les corps nuds tenaillez, ou les plaintes pressantes
De leurs enfants pendus par les pieds, arrachez
Du sein qu'ils empoignoient, des tetins assechez ;
Ou bien, quand du soldat la diette allouvie
Tiroit au lieu de pain de son hoste la vie,
Vengé, mais non saoulé, pere et mere meurtris
Laissoient dans les berceaux des enfants si petits
Qu'enserrez de cimois, prisonniers dans leur couche,
Ils mouroient par la faim : de l'innocente bouche
L'ame plaintive alloit en un plus heureux lieu
Esclatter sa clameur au grand throsne de Dieu,
Cependant que les Roys, parez de leur substance,
En pompes et festins trompoient leur conscience,
Estoffoient leur grandeur des ruines d'autruy,
Gras du suc innocent, s'egaiant de l'ennuy,
Stupides, sans gouster ni pitiez ni merveilles,
Pour les pleurs et les cris sans yeux et sans oreilles.
 Icy je veux sortir du general discours
De mon tableau public ; je fleschiray le cours
De mon fil entrepris, vaincu de la memoire
Qui effraye mes sens d'une tragicque histoire :
Car mes yeux sont tesmoings du subject de mes vers.
 Voicy le reistre noir foudroyer au travers
Les masures de France, et comme une tempeste,
Emportant ce qu'il peut, embrazer tout le reste.
Cet amas affamé nous fit à Mont-moreau
Voir la nouvelle horreur d'un spectacle nouveau.

Nous vismes sur leurs pas une troupe lassée,
Que la terre portoit, de nos pas harassée.
Là de mille maisons on ne trouva que feux,
Que charongnes, que morts ou visages affreux.
La faim va devant moi : force que je la suive.
J'oy d'un gosier mourant une voix demi-vive ;
Le cry me sert de guide, et faict voir à l'instant
D'un homme demi-mort le chef se debattant,
Qui sur le seuil d'un huis dissipoit sa cervelle.
Ce demi-vif la mort à son secours appelle
De sa mourante voix. Cet esprit demi-mort
Disoit en son patois (langue de Perigort) :
« Si vous estes François, François, je vous adjure,
Donnez secours de mort : c'est l'aide la plus seure
Que j'espere de vous, le moien de guerir.
Faictes-moy d'un bon coup et promptement mourir.
Les reistres m'ont tué par faute de viande :
Ne pouvant ni fournir ne sçavoir leur demande,
D'un coup de coutelas l'un d'eux m'a emporté
Ce bras que vous voyez près du lict, à costé ;
J'ay au travers du corps deux balles de pistolle. »
Il suivit, en coupant d'un grand vent sa parolle :
« C'est peu de cas encor, et, de pitié de nous,
Ma femme en quelque lieu, grosse, est morte de coups.
Il y a quatre jours qu'aiants esté en fuitte,
Chassez à la minuict, sans qu'il nous fust licite
De sauver nos enfants, liez en leurs berceaux,
Leurs cris nous appelloient, et entre ces bourreaux,

Pensans les secourir, nous perdismes la vie.
Helas! si vous avez encore quelque envie
De voir plus de malheur, vous verrez là-dedans
Le massacre piteux de nos petits enfants. »
J'entre, et n'en trouve qu'un, qui, lié dans sa couche,
Avoit les yeux flestris; qui de sa pasle bouche
Poussoit et retiroit cet esprit languissant
Qui, à regret son corps par la faim delaissant,
Avoit lassé sa voix bramant après sa vie.
Voicy après entrer l'horrible anatomie
De la mere assechée : elle avoit de dehors,
Sur ses reins dissipez traisné, roulé son corps,
Jambes et bras rompus; une amour maternelle
L'esmouvant pour autruy beaucoup plus que pour elle,
A tant elle approcha sa teste du berceau,
La releva dessus. Il ne sortoit plus d'eau
De ses yeux consumez ; de ses playes mortelles
Le sang mouilloit l'enfant; point de laict aux mammelles,
Mais des peaux sans humeur. Ce corps seché, retraict,
De la France qui meurt fut un autre pourtraict.
Elle cerchoit des yeux deux de ses fils encore ;
Nos fronts l'espouvantoient. En fin la mort devore
En mesme temps ces trois. J'eu peur que ces esprits
Protestassent mourants contre nous de leurs cris :
Mes cheveux estonnez herissent en ma teste ;
J'appelle Dieu pour juge, et tout haut je deteste
Les violeurs de paix, les perfides parfaicts
Qui d'une salle cause amenent tels effects.

Là je vis estonné les cœurs impitoyables.
Je vis tomber l'effroy dessus les effroyables.
Quel œil sec eust peu voir les membres mi-mangez
De ceux qui par la faim estoient morts enragez !

    Et encore aujourd'huy, sous la loy de la guerre,
Les tygres vont bruslants les thresors de la terre,
Nostre commune mere ; et le degast du pain
Au secours des lions ligue la pasle faim
En ce point, lors que Dieu nous espanche une pluie,
Une manne de bleds, pour soustenir la vie,
L'homme, crevant de rage et de noire fureur,
Devant les yeux esmeus de ce grand bien-faicteur,
Foule aux pieds ses bien-faicts en villenant sa grace,
Crache contre le Ciel, ce qui tourne en sa face.
La terre ouvre aux humains et son laict et son sein,
Mille et mille douceurs, que de sa blanche main
Elle appreste aux ingrats qui les donnent aux flammes.
Les desgasts font sentir les innocentes ames.
En vain le pauvre en l'air esclatte pour du pain :
On embraze la paille, on faict pourrir le grain.
Au temps que l'affamé à nos portes sejourne.
Le malade se plaint ; cette voix nous adjourne
Au throsne du grand Dieu. Ce que l'affligé dit
En l'amer de son cœur, quand son cœur nous maudit,
Dieu l'entend, Dieu l'exauce, et ce cry d'amertume
Dans l'air ni dans le feu volant ne se consume ;
Dieu scelle de son sceau ce piteux testament,
Nostre mort en la mort qui le va consumant.

La mort en payement n'a receu l'innocence
Du pauvre qui mettoit sa chetive esperance
Aux aumosnes du peuple. Ah! que diray-je plus?
De ces evenements n'ont pas esté exclus
Les animaux privez, et, hors de leurs villages,
Les mastins allouvis sont devenus sauvages,
Faicts loups de naturel, et non pas de la peau.
Imitants les plus grands, les pasteurs du troupeau,
Eux-mesmes ont esgorgé ce qu'ils avoient en garde;
Encor les verrez-vous se vanger, quoy qu'il tarde,
De ceux qui ont osté aux pauvres animaux
La pasture ordonnée. Ils seront les bourreaux
De l'ire du grand Dieu, et leurs dents affamées
Se creveront des os de nos belles armées :
Ils en ont eu curée en nos sanglants combats;
Si bien que, des corps morts rassasiez et las,
Aux plaines de nos champs, de nos os blanchissantes,
Ils courent forcenez les personnes vivantes.
Vous en voyez l'espreuve au champ de Moncontour.
Hereditairement ils ont, depuis ce jour,
La rage naturelle, et leur race, ennyvrée
Du sang des vrais François, se sent de la curée.
 Pourquoy, chiens, auriez-vous, en cette aspre saison,
(Nez sans raison) gardé aux hommes la raison,
Quand Nature sans loy, folle, se desnature ;
Quand Nature, mourant, despouille sa figure ;
Quand les humains, privez de tous autres moiens,
Assiegez, ont mangé leurs plus fidelles chiens ;

Quand sur les chevaux morts on donne des bataille
A partir le butin de puantes entrailles ?
Mesme aux chevaux peris de farcin et de faim,
On a veu labourer les ongles de l'humain,
Pour cercher dans les os et la peau consumée
Ce qu'oublioit la faim et la mort affamée.
 Cette horreur, que tout œil en lisant a doubté
De nos sens, desmentoit la vraie antiquité;
Cette rage s'est veüe, et les meres non-meres
Nous ont de leurs forfaicts pour tesmoings oculaires.
C'est en ces sieges lents, ces sieges sans pitié,
Que des seins plus aymants s'envole l'amitié.
La mere du berceau son cher enfant deslie ;
L'enfant qu'on desbandoit autre-fois pour sa vie
Se desveloppe icy par les barbares doigts
Qui s'en vont destacher de nature les loix ;
La mere deffaisant, pitoyable et farousche,
Les liens de pitié avec ceux de sa couche,
Les entrailles d'amour, les filets de son flanc,
Les intestins bruslants par les tressauts du sang,
Les sens, l'humanité, le cœur esmeu qui tremble
Tout cela se destord et se desmesle ensemble.
L'enfant, qui pense encor aller tirer en vain
Les peaux de la mammelle, a les yeux sur la main
Qui deffaict les cimois; cette bouche affamée,
Triste, sous-rit aux tours de la main bien-aimée :
Cette main s'emploioit pour la vie autrefois,
Maintenant à la mort elle emploie ses doigts,

La mort, qui d'un costé se presente effroyable,
La faim, de l'autre bout, bourrelle impitoyable.
La mere, ayant long-temps combattu dans son cœur
Le feu de la pitié, de la faim la fureur,
Convoitte dans son sein la creature aimée,
Et dit à son enfant, moins mere qu'affamée :
« Rend, misérable, rend le corps que je t'ay faict
Ton sang retournera où tu as pris le laict ;
Au sein qui t'allaictoit rentre contre nature :
Ce sein, qui t'a nourry, sera ta sepulture ! »
La main tremble en tirant le funeste couteau,
Quand, pour sacrifier de son ventre l'agneau,
Des poulces elle estreind la gorge qui gazouille
Quelques mots sans accents, croiant qu'on la chatouille.
Sur l'effroiable coup le cœur se refroidit,
Deux fois le fer eschappe à la main qui roidit ;
Tout est troublé, confus, en l'âme qui se trouve
N'avoir plus rien de mere et avoir tout de louve ;
De sa levre ternie il sort des feux ardants ;
Elle n'appreste plus les levres, mais les dents,
Et des baisers changez en avides morsures !
La faim acheve tout de trois rudes blessures ;
Elle ouvre le passage au sang et aux esprits.
L'enfant change visage et ses ris en ces cris ;
Il pousse trois fumeaux, et, n'aiant plus de mere,
Mourant cerche des yeux les yeux de sa meurtrière.
   On dit que le manger de Thyeste pareil
Fit noircir et fuir et cacher le soleil.

Suivrons-nous plus avant? Voulons-nous voir le reste
De ce banquet d'horreur pire que de Thyeste?
Les membres de ce fils sont connus au repas,
Et l'autre, estant deceu, ne les connoissoit pas.
Qui pourra voir le plat où la beste farouche
Prend les petits doigts cuits, les jouets de sa bouche;
Les yeux esteints, ausquels il y a peu de jours
Que de regards mignons s'embrazoient ses amours;
Le sein douillet, les bras qui son col plus n'accollent :
Morceaux qui saoullent peu et qui beaucoup desolent?
Le visage pareil encore se fait voir
Vif portraict reprochant, miroir de son miroir,
Dont la reflexion de coulpable semblance
Perce à travers les yeux l'ardente conscience.
Les ongles brisent tout ; la faim et la raison
Donne pasture au corps et à l'ame poison.
Le soleil ne peut voir l'autre table fumante.
Tirons sur cette-cy le rideau de Thimante !

    Jadis nos rois anciens, vrais peres et vrais rois,
Nourrissons de la France, en faisant quelquefois
Le tour de leur païs en diverses contrées,
Faisoient par les citez des superbes entrées.
Chacun s'esjouissoit, on sçavoit bien pourquoy :
Les enfants de quatre ans crioient : *Vive le Roy !*
Les villes emploioient mille et mille artifices
Pour faire comme font les meilleures nourrices,
De qui le sein fecond se prodigue à l'ouvrir,
Veut monstrer qu'il en a pour perdre et pour nourrir.

Il semble que le pis, quant il est esmeu, voie :
Il se jette en la main, dont ces meres de joie
Font rejaillir, aux yeux de leurs mignons enfants,
Du laict qui leur regorge à leurs roys triomphants,
Triomphants par la paix : ces villes nourricieres
Prodiguoient leur substance, et, en toutes manieres,
Monstroient au ciel serain leurs thresors enfermez,
Et leur laict et leur joie à leurs roys bien-aymez,

   Nos tyrans aujourd'huy entrent d'une autre sorte,
La ville qui les voit a visage de morte :
Quand son prince la foule, il la void de tels yeux
Que Néron voyait Rome en l'esclat de ses feux.
Quand le tyran s'esgaie en la ville qu'il entre,
La ville est un corps mort, il passe sur le ventre,
Et ce n'est plus du laict qu'elle prodigue en l'air,
C'est du sang. Pour parler comme peuvent parler
Les corps qu'on trouve morts, portez à la justice,
On les met en la place, affin que ce corps puisse
Rencontrer son meurtrier : le meurtrier inconnu
Contre qui le corps saigne est coulpable tenu,

   Henry, qui tous les jours vas prodiguant ta vie
Pour remettre le regne, oster la tyrannie,
Ennemy des tyrans, ressource des vrais rois,
Quand le sceptre des lis joindra le Navarrois.
Souvien-toy de quel œil, de quelle vigilence
Tu cours remedier aux malheurs de la France ;
Souvien-toy quelque jour combien sont ignorants
Ceux qui pour estre Rois veulent estre tyrans.

Ces tyrans sont des loups, car le loup, quand il entre
Dans le parc des brebis, ne succe de leur ventre
Que le sang par un trou et quitte tout le corps,
Laissant bien le troupeau, mais un troupeau de morts.
Nos villes sont charongne, et nos plus cheres vies
Et le suc et la force en ont esté ravies ;
Les païs ruinez sont membres retranchez,
Dont le corps seichera, puis qu'ils sont asseichez.
 France, puis que tu perds tes membres en la sorte,
Appreste le suaire et te conte pour morte ;
Ton poux foible, inegal, le trouble de ton œil,
Ne demande plus rien qu'un funeste cercueil.
 Que si tu vis encor, c'est la mourante vie
Que le malade vit en extreme agonie,
Lors que les sens sont morts, quand il est au rumeau,
Et que d'un bout de plume on l'abeche avec l'eau.
 Si tu peux allouvi devorer la viande,
Ton chef mange tes bras ; c'est une faim trop grande.
Quand le desesperé vient à manger si fort
Après le goust perdu, c'est indice de mort.
 Mais quoy ! tu ne fus oncq si fiere en ta puissance,
Si roide en tes efforts, ô furieuse France !
C'est ainsy que les nerfs des jambes et des bras
Roidissent au mourant à l'heure du trespas.
 On resserre d'impost le trafic des rivieres,
Le sang des gros vaisseaux et celuy des arteres ;
C'est faict du corps, auquel on tranche tous les jours
Des veines et rameaux les ordinaires cours.

Tu donnes aux forains ton avoir qui s'esgare,
A celuy du dedans rude, seiche et avare,
Cette main a promis d'aller trouver les morts,
Qui, sans humeur dedans, est suante au dehors.

    France, tu es si docte et parles tant de langues !
O monstrueux discours, ô funestes harangues !
Ainsy, mourant les corps, on a veu les esprits
Prononcer les jargons qu'ils n'avoient point appris.

    Tu as plus que jamais de merveilleuses testes
Des cerveaux transcendants, des vrais et faux prophetes ;
Toy, prophete, en mourant du mal de ta grandeur,
Mieux que le médecin tu chantes ton malheur.

    France, tu as commerce aux nations estranges,
Partout intelligence et partout des eschanges :
L'oreille du malade est ainsy claire, alors
Que l'esprit dit adieu aux oreilles du corps.

    France, bien qu'au millieu tu sens des guerres fieres,
Tu as paix et repos à tes villes frontieres :
Le corps, tout feu dedans, tout glace par dehors,
Demande la biere et bien tost est faict corps.

    Mais, France, on voit doubler dedans toy l'avarice :
Quand nature deffaut, les vieillards ont ce vice ;
Quand le malade amasse et couverte et linceux
Et tire tout à soy, c'est un signe piteux.

    On void perir en toy la chaleur naturelle,
Le feu de charité, tout amour mutuelle,
Les deluges espais achevent de noier
Tous chauds desirs au cœur, qui estoit leur foüier.

Mais ce foüier du cœur a perdu l'advantage
Du feu et des esprits qui faisoient le courage.
　Icy marquez, honteux, degenerez François,
Que vos armes estoient legeres autrefois,
Et que, quand l'estranger esjamboit vos barrieres,
Vos ayeux desdaignoient forts et villes frontieres !
L'ennemy, aussy tost comme entré combattu,
Faisoit à la campagne essay de leur vertu.
Ores, pour tesmoigner la caducque vieillesse
Qui nous oste l'ardeur et nous croist la finesse
Nos cœurs froids ont besoing de se voir emmurez,
Et, comme les vieillards, revestus et fourrez
De rempars, bastions, fossez et contre-mines,
Fosses-brai's, parapets, chemises et courtines.
Nos excellents desseins ne sont que garnisons,
Que nos peres fuioient comm' on fuit les prisons.
Quand le corps gelé veut mettre robbe sur robbe
Dites que la chaleur s'enfuit et se desrobbe ;
L'Ange de Dieu vengeur une fois commandé,
Ne se destourne pas pour estre apprehendé :
Car ces symptomes vrais, qui ne sont que presages,
Se sentent en nos cœurs aussy tost qu'aux visages.
　Voilà le front hideux de nos calamitez,
La vengence des Cieux justement despitez.
Comme par force l'œil se destorne à ces choses,
Retournons les esprits pour en toucher les causes.
　France, tu t'eslevois orgueilleuse au millieu
Des autres nations, et ton pere et ton Dieu,

Qui tant' et tant de fois par guerres estrangeres
T'esprouva, t'advertit de verges, de miseres.
Ce grand Dieu void au Ciel, du feu de son clair œil,
Que des maux estrangers tu doublois ton orgueil.
Tes superstitions et tes coustumes folles,
De Dieu qui te frappoit, te poussoient aux idolles.
Tu te crevois de graisse en patience, mais
Ta paix estoit la sœur bastarde de la paix.
Rien n'estoit honoré parmy toy que le vice;
Au ciel estoit bannie, en pleurant, la Justice,
L'Eglise au sec desert, la Verité après.
L'enfer fut espuisé et visité de près,
Pour chercher en son fond une verge nouvelle,
A punir jusqu'aux os la nation rebelle.
  Cet enfer nourrissoit en ses obscuritez
Deux esprits, que les Cieux formerent, despitez,
Des pires excrements, des vapeurs inconnües
Que l'haleine du bas exhale dans les nües.
L'essence et le subtil de ces infections
S'affina par sept fois en exhalations,
Comme l'on void dans l'air une masse visqueuse
Lever premierement l'humeur contagieuse
De l'haleine terrestre; et quand auprès des cieux
Le choix de ce venin est haussé, vitieux,
Comm' un astre il prend vie, et sa force secrette
Espouvante chacun du regard d'un comette.
Le peuple, à gros amas aux places ameuté,
Bée douteusement sur la calamité,

Et dit : « Ce feu menace et promet à la terre,
Lousche, pasle ou flambant, peste, famine ou guerre.»
  A ces trois s'apprestoient ces deux astres nouveaux.
Le peuple voioit bien ces cramoisis flambeaux,
Mais ne les peut juger d'une pareille sorte.
Ces deux esprits meurtriers de la France mi-morte
Nasquirent en nos temps; les astres mutinez
Les tirerent d'enfer, puis ils furent donnez
A deux corps vicieux, et l'amas de ces vices
Trouva l'organe prompt à leurs mauvais offices.
  Voicy les deux flambeaux et les deux instruments
Des plaies de la France et de tous ses tourments :
Une fatale femme, un cardinal qui d'elle,
Parangon du malheur, suivoit l'âme cruelle.
  « Malheur, ce dit le sage, au peuple dont les loix
Tournent dans les esprits des fols et jeunes rois
Et qui mangent matin ». Que ce malheur se treuve
Divinement predit par la certaine espreuve !
Mais cela qui faict plus le regne malheureux
Que celuy des enfants, c'est quand on voit pour eux
Le diademe sainct sur la teste insolente,
Le sacré sceptre au poing d'une femme impuissante,
Aux despens de la loy que prirent les Gaulois,
Des Saliens François, pour loy des autres lois.
Cet esprit impuissant a bien peu, car sa force
S'est convertie en poudre, en feux et en amorce,
Impuissante à bien faire, et puissante à forger
Les couteaux si tranchants qu'on a veu esgorger

Depuis les roys hautains eschauffez à la guerre
Jusqu'au ver innocent qui se traîne sur terre.
Mais pleust à Dieu aussy qu'elle eust peu surmonter
Sa rage de regner, qu'elle eust peû s'exempter
Du venin florentin, dont la plaie eternelle,
Pestifere, a frappé et sur elle et par elle.
 Pleust à Dieu, Jesabel, que, comme au temps passé,
Tes ducs predecesseurs ont toujours abbaissé
Les grands, en eslevant les petits à l'encontre,
Puis encor rabbatu par une autre rencontre
Ceux qu'ils avoient haussez, si tost que leur grandeur
Pouvoit donner soupçon ou meffiance au cœur :
Ainsy comme eux tu sçais te rendre redoutable,
 Faisant le grand coquin, haussant le miserable ;
Ainsy comme eux tu sçais par tes subtilitez,
En maintenant les deux, perdre les deux costez,
Pour abbreuver de sang la soif de ta puissance.
Pleust à Dieu, Jesabel, que tu euss' à Florence
Laissé tes trahisons en laissant ton païs,
Que tu n'eusses les grands des deux costez trahis
Pour regner au millieu, et que ton entreprise
N'eust ruiné le noble et le peuple et l'Eglise :
Cinq cens mille soldats n'eussent crevé, poudreux,
Sur le champ maternel, et ne fust avec eux
La noblesse faillie et la force faillie
De France, que tu as faict gibier d'Italie !
 Ton fils eust eschapé ta secrette poison,
Si ton sang t'eust esté plus que ta trahison.

En fin, pour assouvir ton esprit et ta veuë,
Tu vois le feu qui brusle et le couteau qui tuë ;
Tu as veu à ton gré deux camps des deux costez,
Tous deux pour toy, tous deux à ton gré tourmentez,
Tous deux François, tous deux ennemis de la France,
Tous deux executeurs de ton impatience,
Tous deux la pasle horreur du peuple ruiné,
Et un peuple par toy contre soy mutiné.
Par eux tu vois des-ja la terre yvre, inhumaine,
Du sang noble françois, et de l'estranger pleine,
Accablé par le fer que tu as esmoulu ;
Mais c'est beaucoup plus tard que tu n'eusses voulu :
Tu n'as ta soif de sang qu'à demi arrosée,
Ainsy que d'un peu d'eau la flamme est embrazée.

  C'estoit un beau mirouer de ton esprit mouvant,
Que parmy les nonnains, au florentin convent,
N'aiant pouvoir encor de tourmenter la terre,
Tu dressois tous les jours quelque petite guerre :
Tes compagnes pour toy se tiroient aux cheveux.
Ton esprit, dès lors plein de sanguinaires vœux,
Par ceux qui prevoioient les effects de ton ame
Ne peut estre enfermé, subtil comme la flamme :
Un malheur necessaire et le vouloir de Dieu
Ne doibt perdre son temps ni l'assiette du lieu,
Comme celle qui vit en songe que de Troye
Elle enfantoit les feux vit aussy mettre en proye
Son pays par son fils, et, pour sçavoir son mal,
Ne peut brider le cours de son malheur fatal,

Or ne veuille le Ciel avoir jugé la France
A servir septante ans de gibier à Florence ;
Ne veuille Dieu tenir pour plus longtemps assis
Sur nos lis tant foulez le joug de Medicis !
Quoy que l'arrest du Ciel dessus nos chefs destine,
Toy, verge de courroux, impure Catherine,
Nos cicatrices sont ton plaisir et ton jeu ;
Mais tu iras en fin comme la verge au feu,
Quand, au lict de la mort, ton fils et tes plus proches
Consoleront tes plains de ris et de reproches,
Quand l'edifice haut des superbes Lorrains,
Maugré tes estançons, t'accablera les reins,
Et, par toy eslevé, t'accrasera la teste
Encor ris-tu, sauvage et carnassiere beste,
Aux œuvres de tes mains, et n'as qu'un desplaisir,
Que le grand feu n'est pas si grand que ton desir !
Ne plaignant que le peu, tu t'esgaie ainsy comme
Neron, l'impitoyable, en voyant brusler Romme.

    Neron laissoit en paix quelque petite part ;
Quelque coing d'Italie, esgaré à l'escart,
Eschappoit ses fureurs ; quelqu'un fuioit de Sylle
Le glaive et le courroux en la guerre civile ;
Quelqu'un de Phalaris evitoit le taureau,
La rage de Cinna, de Cœsar le couteau ;
Et (ce qu'on feint encor estrange entre les fables)
Quelqu'un de Diomède eschappoit les estables ;
Le lion, le sanglier qu'Hercule mit à mort,
Plus loing que leur buisson ne faisoient point de tort

L'hydre assiegoît Lerna, du taureau la furie
Couroit Candie ; Anthée affligeoit la Lybie.
　Mais toy, qui, au matin, de tes cheveux espars
Fais voir à ton faux chef branslant de toutes parts,
Et desploiant en l'air ta perruque grisonne,
Les païs tous esmeus de pestes empoisonne :
Tes crins esparpillez, par charmes herissez,
Envoient leurs esprits où ils sont addressez :
Par neuf fois tu secoüe, et hors de chaque poincte
Neuf Demons conjurez descochent par contrainte.
　Quel antre caverneux, quel sablon, quel desert,
Quel bois, au fond duquel le voiageur se perd,
Est exempt de malheurs? Quel allié de France
De ton breuvage amer n'a humé l'abondance?
Car, diligente à nuire, ardente à rechercher,
La loingtaine province et l'esloigné clocher
Par toi sont peints de rouge, et chacune personne
A son meurtrier derriere avant qu'elle s'estonne.
O qu'en Lybie Anthée, en Crete le taureau,
Que les testes d'hydra, du noir sanglier la peau,
Le lion nemean et ce que cette fable
Nous conte outrageux, fut au pris supportable !
Pharaon fut paisible, Anthiochus piteux,
Les Herodes plus doux, Cinna religieux :
On pouvoit supporter l'espreuve de Perille,
Le couteau de Cesar et la prison de Sylle ;
Et les feux de Neron ne furent point des feux,
Près de ceux que vomit ce serpent monstrueux.

Ainsy en embrazant la France miserable,
Cett' hydra renaissant ne s'abbat, ne s'accable
Par veilles, par labeurs, par chemins, par ennuis;
La chaleur des grands jours, ni les plus froides nuicts
N'arrestent sa fureur ne brident le courage
De ce monstre porté des aisles de sa rage;
La peste ne l'arreste, ains la peste la craint,
Pour ce qu'un moindre mal un pire mal n'esteint.
 L'infidelle, croiant les fausses impostures
Des Demons predisans, par songes, par augures,
Et par voix de sorciers, que son chef perira
Foudroïé d'un plancher qui l'ensevelira,
Perd bien le jugement, n'aiant pas connoissance
Que cette maison n'est que la maison de France,
La maison qu'elle sappe, et c'est aussy pourquoy
Elle fait tresbucher son ouvrage sur soy.
Celuy qui d'un canon foudroiant extermine
Le rempart ennemy sans brasser sa ruine,
Ruine ce qu'il hait; mais un mesme danger
Accravante le chef de l'aveugle estranger,
Grattant par le dedans le vengeur edifice,
Qui faict de son meurtrier en mourant sacrifice :
Elle ne l'entend pas, quand de mille posteaux
Elle faict appuier ses logis, ses chasteaux :
Tu ne peux empescher par arc-boutant qui fulcre
Que Dieu de ta maison ne fasse ton sepulcre,
L'architecte mondain n'a rien qui tienne lieu
Contre les coups du ciel, et le doigt du grand Dieu

Il falloit contre toy et contre ta machine
Appuyer et munir, ingratte Catherine,
Cette haute maison, la maison de Vallois,
Qui s'en va dire adieu au monde et aux François.
   Mais, quand l'embrazement de la mimorte France
A souffler tous les coings requiert sa diligence,
La diligente au mal, paresseuse à tout bien,
Pour bien-faire craint tout, pour nuire ne craint rien :
C'est la peste de l'air, l'Erynne envenimée ;
Elle infecte le ciel par la noire fumée
Qui sort de ses nazeaux ; ell' haleine les fleurs,
Les fleurs perdent d'un coup la vie et les couleurs ;
Son toucher est mortel, la pestifere tüe
Les païs tous entiers de basilique veüe ;
Elle change en discord l'accord des elements,
En paisible minuict on oit ses hurlements,
Ses sifflements, ses cris, alors que l'enragée
Tourne la terre en cendre et en sang l'eau changée ;
Elle s'ameute avec les sorciers enchanteurs,
Compagne des demons, compagnons imposteurs,
Murmurant l'exorcisme et les noires prieres ;
La nuict elle se veautre aux hideux cimetieres,
Elle trouble le ciel, elle arreste les eaux,
Aiant sacrifié tourtres et pigeonneaux,
Et desrobé le temps que la lune obscurcie
Souffre de son murmur', elle attir' et convie
Les serpents en un rond sur la fosse des morts,
Desterre sans effroy les effroyables corps,

Puis, remplissant les os de la force des diables,
Les faict saillir en pieds, terreux, espouventables,
Oit leur voix enrouée, et des obscurs propos
Des demons imagine un travail sans repos,
Idolatrant Satan et sa theologie,
Interrogue en tremblant sur le fil de sa vie
Ces organes hideux; lors mesle de leurs tais
La poudre avec du laict, pour les conduire en paix;
Les enfans innocens ont presté leurs moëlles,
Leurs graisses et leur suc à fournir de chandelles,
Et pour faire trotter les esprits aux tombeaux
On offre à Belzebuth leurs innocentes peaux.
 En vain, Royne, tu as rempli une bouticque
Des drogues du mestier, et, mesnage magicque,
En vain fais-tu amas dans les tais des deffuncts
De poix noire, de canfre à faire tes parfuns;
Tu y brusles en vain cypres et mandragore,
La cigüe, la rüe et le blanc hellebore,
La teste d'un chat roux, d'un ceraste la peau,
D'un chat-huant le fiel, la langue d'un corbeau,
De la chauve-souris le sang, et de la louve
Le laict chaudement pris sur le poinct qu'elle trouve
Sa tanniere volée et son fruict emporté :
Le nombril frais-couppé à l'enfant avorté,
Le cœur d'un viel crapaut, le foie d'un dipsade,
Les yeux d'un basilic, la dent d'un chien malade
Et la bave qu'il rend en contemplant les flots;
La queue du poisson Ancre des matelots,

Contre lequel en vain vent et voile s'essaye ;
Le vierge parchemin, le palais de fressaye.
Tant d'estranges moïens tu recherches en vain,
Tu en as de plus prompts en ta fatale main :
Car, quand dans un corps mort un demon tu ingeres,
Tu le vas menaçant d'un foüet de viperes ;
Il faict semblant de craindre, et, pour joüer son jeu,
Il s'approche, il refuse, il entre peu à peu,
Il touche le corps froid, et puis il s'en esloigne,
Il feint avoir horreur de l'horrible charongne.
Ces feintes sont appas, leur maistre, leur Seigneur,
Leur permet d'affronter d'efficace d'erreur,
Tels esprits que le tien par telles singeries.
 Mais toy qui par sur eux triomphes, seigneuries,
Use de ton pouvoir : tu peux bien triompher
Sur eux, puis que tu es vivandiere d'enfer ;
Tu as plus de credit et ta voix est plus forte
Que tout ce qu'en secret de cent lieux on te porte.
Va, commande aux demons d'imperieuse voix,
Reproche leur tes coups, conte ce que tu vois,
Monstre leur le succès des ruses florentines,
Tes meurtres, tes poisons, de France les ruines ;
Tant d'ames, tant de corps que tu leur fais avoir,
Tant d'esprits abbrutis poussez au desespoir,
Qui renoncent leur Dieu ; di que, par tes menées,
Tu as peuplé l'enfer de légions damnées :
De telles voix sans plus tu pourras esmouvoir,
Emploier, arrester tout l'infernal pouvoir :

Il ne faut plus de soing, de labeur, de despence,
A cercher les sçavants en la noire science :
Vous garderez les biens, les estats, les honneurs,
Pour d'Italie avoir les fins empoisonneurs,
Pour nourrir, emploier cette subtile bande,
Bien mieux entretenüe, et plus riche, et plus grande
Que celle du conseil, car nous ne voulons point
Que conseillers subtils, qui renversent à point
En discords les accords, que les traistres qui vendent
A peu de prix leur foy, ceux-là qui mieux entendent
A donner aux meschants les purs commandements,
En se servant des bons tromper leurs instruments.
   La foy par tant de fois, et la paix violée
Couvroit les faux desseins de la France affolée
Sous les traittez d'accord : avant le pourparler
De la paix, on sçavoit le moien de troubler.
Cela nous fut depeint par les feux et la cendre,
Que le mal-heur venu seul nous a peû apprendre.
Les feux, di-je, celez dessous le pesant corps
D'une souche amortie, et qui n'aiant dehors
Poussé par millions tousjours ses estincelles,
Soubs la cendre trompeuse a ses flammes nouvelles.
La traistresse Pandore apporta nos malheurs,
Peignant sur son champ noir l'enigme de nos pleurs ;
Marquant pour se mocquer sur ses tapisseries
Les moiens de ravir et nos biens et nos vies ;
Mesme escrivant autour du tison de son cœur,
Qu'après la flamme esteinte encore vit l'ardeur.

Tel fut l'autre moien de nos rudes miseres,
L'Achitophel bandant les fils contre les peres;
Tel fut cette autre peste, et l'autre malheureux.
Perpetuelle horreur à nos tristes neveux :
Ce cardinal sanglant, couleur à point suivie
Des desirs, des effects, et pareill' a sa vie,
Il fut rouge de sang de ceux qui au cercueil
Furent hors d'aage mis, tuez par son conseil;
Et puis le cramoisy encores nous avise
Qu'il a dedans son sang trempé sa paillardise,
Quand en mesme subject se fit le monstrueux
Adultère, paillard, bougre et incestueux.
 Il est exterminé : sa mort espouvantable
Fut des esprits noircis une guerr' admirable :
Le haut ciel s'obscurcit, cent mille tremblements
Confondirent la terre et les trois elements.
De celuy qui troubloit, quand il estoit en vie,
La France et l'univers, l'ame rouge ravie
En mille tourbillons, mille vents, mille nœuds,
Mille foudres ferrez, mille esclairs, mille feux :
Le pompeux appareil de cette ame si saincte
Fit des mocqueurs de Dieu trembler l'ame contrainte :
Or n'estant despouillé de toutes passions,
De ses conseils secrets et de ses actions,
Ne pouvant oublier la compagne fidelle,
Vomissant son demon il eut memoire d'elle,
Et finit d'un adieu entre les deux amants,
La moitié du conseil, et non de nos tourments.

Prince choisi de Dieu qui soubs ta belle-mere
Savourois l'aconit et la cigüe amere,
Ta voix a tesmoigné qu'au point que cet esprit
S'enfuioit en son lieu, tu vis saillir du lict
Cette Royne en fraieur, qui te monstroit la place
Où le cardinal mort l'accostoit face à face,
Pour prendre son congé ; elle bouchoit ses yeux,
Et sa fraieur te fit herisser les cheveux.

 Tels mal heureux cerveaux ont esté les amorces,
Les flambeaux boutte-feux, et les fatalles torches
Par qui les hauts chasteaux jusqu'en terre razez,
Les temples, hospitaux, pillez et embrazez,
Les colleges destruicts par la main ennemie
Des cytoiens esmeus, monstrent l'anatomie
De nostre honneur ancien (comme l'on juge aux os
La grandeur des geants aux sepulchres enclos).
Par eux on vid les loix sous les pieds trepignées ;
Par eux la populace à bandes mutinées
Trempa dedans le sang des vieillards les cousteaux,
Estrangla les enfans liez en leurs berceaux,
Et la mort ne connut ni le sexe ni l'aage ;
Par eux est perpetré le monstrueux carnage,
Qui de quinze ans entiers, aiant faict les moissons
Des François, glene encor le reste en cent façons.

 Car quand la frenaisie et fiebvre generalle
A senti quelque paix, dilucide intervalle,
Nos sçavants apprentifs du faux Machiavel
Ont parmy nous semé la peste du duel :

Les grands, ensorcelez par subtiles querelles,
Ont rempli leurs esprits de haines mutuelles,
Leur courage emploié à leur dissention
Les faict serfs de mestier, grands de profession :
Les nobles ont choqué à testes contre testes,
Par eux les princes ont vers eux payé leurs debtes :
Un chacun, estourdy, a porté au fourreau
Dequoy estre de soy et d'autruy le bourreau,
Et de peur qu'en la paix la feconde noblesse,
De son nombre s'enflant, ne refrene et ne blesse
La tyrannie un jour, qu'ignorante elle suit,
Miserable support du joug qui la destruit ;
Le Prince, en son repas, par loüanges et blasmes
Met la gloire au duel, en allume les ames,
Peint sur le front d'autruy et n'establit pour soy
Du rude poinct d'honneur la pestifere loy,
Reduisant d'un bon cœur la valeur prisonniere
A voir devant l'espée, et l'Enfer au derriere.
 J'escris aiant senti avant l'autre combat,
De l'ame avec son cœur l'inutile debat,
Prié Dieu, mais sans foy comme sans repentance,
Porté a exploiter dessus moy la sentence.
Et ne faut pas icy que je vante en mocqueur
Ce despit pour courage et le fiel pour le cœur :
Ne pense pas aussy, mon lecteur, que je conte
A ma gloire ce poinct, je l'escris à ma honte.
Ouy, j'ay senti le ver reveillant et piqueur
Qui contre tout mon reste avoit armé le cœur :

Cœur qui à ses despens prononçoit la sentence
En faveur de l'enfer contre ma conscience.

   Ces anciens vrais soldats guerriers, grands conquereurs,
Qui de simples bourgeois faisoient des empereurs,
Des princes leurs vassaux, d'un advocat un prince,
Du monde un regne seul, de France une province ;
Ces patrons de l'honneur honoroient le senat,
Les chevaliers apres, et par le tribunat
Haussoyent le tiers estat au degré de leur ville,
Desquels ils repoussoient toute engeance servile.
Les serfs demi-humains, des hommes excrements,
Se vendoyent, se contoyent au roolle des juments,
Ces mal-heureux avoient encores entr'eux-mesme
Quelque condition des extrêmes l'extrême,
C'estoient ceux qu'on tiroit des pires du troupeau,
Pour esbattre le peupl' au depend de leur peau.
Aux obseques des grands, aux festins, sur l'arene,
Ces glorieux maraux bravoient la mort certaine
Avec grace et sang froid, mettoient pourpoinct à part,
Sans s'esbranler longeoient en leur sein le poignard :
Que ceux qui aujourd'huy se vantent d'estocades
Contre-fassent l'horreur de ces viles bravades :
Car ceux-là recevoient et le fer et la mort
Sans cry, sans que le corps se tordist par effort,
Sans posture contrainte, ou que la voix ouïe
Mendiast laschement des spectateurs la vie :
Ainsy le plus infect du peuple diffamé
Perissoit tous les jours par milliers consumé.

Or tel venin cuida sortir de cette lie
Pour eschauffer le sang de la troupe anoblie :
Puis quelques empereurs, gladiateurs nouveaux,
De ces corps condamnez se firent des bourreaux,
Joint (comme l'on trouva) que les meres volages
Avoient admis au lict des pollus mariages
Ces visages felons, ces membres outrageux
Et convoité le sang des vilains courageux :
On y dressa les nains; quelques femmes perdües
Furent a ce mestier finalement vendües :
Mais les doctes escrits des sages animez
Rendirent ces bouchers (quoy que grands) diffamez ;
Et puis le magistrat couronna d'infamie
Et atterra le reste en la plus basse lie,
Si bien que ce venin, en leur siecle abbattu,
Pour lors ne pût voler la palme de vertu.
 On appelle aujourd'huy n'avoir rien faict qui vaille
D'avoir percé premier l'espais d'une bataille,
D'avoir premier porté une enseigne au plus haut
Et franchy devant tous la bresche par assaut ;
Se jetter contre espoir dans la ville assiegée,
La sauver demi-prise et rendre encouragée ;
Fortifier, camper ou se loger parmy
Les gardes, les efforts d'un puissant ennemy,
Emploier, sans manquer de cœur et de cervelle,
L'espée d'une main, de l'autre la truelle,
Bien faire une retraitte, ou d'un scadron battu
Rallier les deffaicts, cela n'est plus vertu.

La voici pour ce temps : bien prendre une querelle
Pour un oyseau, ou chien, pour garce ou maquerelle,
Au plaisir d'un valet, d'un bouffon gazouillant
Qui veut, dit-il, sçavoir si son maistre est vaillant;
Si un prince vous hait, s'il luy prend quelque envie
D'emploier votre vie à perdre une autre vie,
Pour payer tous les deux; à cela nos mignons,
Tout riants et transis, deviennent compagnons
Des valets, des laquets; quiconque porte espée
L'espere voir au sang d'un grand prince trempée;
De cette loy sacrée ores ne sont exclus
Le malade, l'enfant, le vieillard, le perclus;
On les monte, on les arme, on invente, on devine
Quelques nouveaus outils à remplir Lybithyne;
On y fend sa chemise, on y montre sa peau;
Despouillé en coquin, on y meurt en bourreau :
Car les perfections de düel sont de faire
Un appel sans raison, un meurtre sans colere,
Au jugement d'autruy, au rapport d'un menteur;
Somme, sans estre juge, on est l'executeur.
Ainsy faisant vertu d'un execrable vice,
Ainsy faisant mestier de ce qui fut supplice.
Aux ennemis vaincus, sont, par les enragés,
De leurs exploits sur eux les Diables soulagés.
Folle race de ceux qui pour quelque vaisselle,
Veautrez l'eschine en bas, fermes sur leur rondelle,
Sans regrets, sans crier, sans tressauts apparents,
Se faisoient esgorger au profit des parents :

Tout peril veut avoir la gloire pour salaire ;
Tels perils amenoient l'infamie au contraire ;
Entre les valeureux ces cœurs n'ont point de lieu ;
Les anciens leurs donnoient pour tutelaire Dieu
Non Mars, chef des vaillants : le chef de cette peste
Fut Saturne le triste, infernal et funeste.
Le François aveuglé de ce siecle dernier
Est tout gladiateur et n'a rien du guerrier :
  On debat dans le pré les contrats, les cedulles.
Nos jeunes Conseillers y descendent des mules ;
J'ay veu les Thresoriers du düel se coiffer,
Quitter l'argent et l'or pour manier le fer ;
L'Advocat desbauché du barreau se desrobe,
Souille à bas le bourlet, la cornette et la robbe :
Quel heur d'un grand malheur, si ce brutal excez
Parvenoit à juger un jour tous nos procez !
Enfin, rien n'est exempt : les femmes en colere
Ostent au faux honneur l'honneur de se deffaire ;
Ces hommaces, plustost ces demons desguisez,
Ont mis l'espée au poing, les cottilons posez,
Trepigné dans le pré avec bouche embavée,
Bras courbé, les yeux clos, et la jambe levée ;
L'une dessus la peur de l'autre s'advançant
Menace de fraieur et crie en offensant.
  Ne contez pas ces traictz pour feinte ny pour songe,
L'histoire est du Poictou et de nostre Xaintonge ;
La Boutonne a lavé le sang noble perdu,
Que ce sexe ignorant au fer a respandu.

Des triomphans martyrs la façon n'est pas telle.
Le premier champion de la haute querelle
Prioit pour ses meurtriers, et voioit en priant
Sa place au ciel ouvert, son Christ l'y conviant.
Celuy qui meurt pour soy, et en mourant machine
De tüer son tüeur, voit sa double ruine ;
Il void sa place preste aux abysmes ouverts ;
Satan grinçant les dents le convie aux enfers.
   Depuis que telles loix sur nous sont establies,
A ce jeu ont volé plus de cent mille vies :
La milice est perduë, et l'escrime en son lieu
Assaut le vray honneur, escrimant contre Dieu.
   Les quatre nations proches de nostre porte
N'ont humé ce venin, au moins de telle sorte,
Voisins qui par leur ruse, au deffaut des vertus,
Nous ont pipez, pillez, effrayez et battus.
Nous n'osons nous armer, les guerres nous flestrissent,
Chacun vaillant a part, et tous en gros perissent.
   Voila l'estat piteux de nos calamitez,
La vengeance des cieux justement irritez ;
En ce fascheux estat, France et François, vous estes
Nourris, entretenus par estrangeres bestes,
Bestes de qui le but et le principal soing
Est de mettre a jamais au tyrannique poing
De la beste de Romme un sceptre qui commande
L'Europe, et encor plus que l'Europe n'est grande.
   Aussy l'orgueil de Rome est a ce poinct levé
Qui d'un prestre, tout roy, tout empereur bravé,

Est marchepied fangeux : on void sans qu'on s'estonne,
La pantoufle crotter les lis de la couronne ;
Dont, ainsy que Neron, ce Neron insensé
Rencherit sur l'orgueil que l'autre avoit pensé :
 Entre tous les mortels, de Dieu la prevoiance
M'a du haut Ciel choisy, donné sa lieutenance :
Je suis de nations juge a vivre et mourir ;
Ma main faict qui luy plaist et sauver et perir ;
Ma langue, declarant les edicts de Fortune,
Donne aux citez la joie ou la plainte commune ;
Rien ne fleurit sans moy ; les milliers enfermez
De mes gladiateurs sont d'un mot consumez ;
Par mes arrests j'espars, je destruits, je conserve
Tout païs, toute gent, je la rends libre ou serve :
J'esclave les plus grands ; mon plaisir pour tous droicts
Donne aux gueux la couronne et le bissac aux roys,
 C'est ancien loup romain ne sçeut pas davantage ;
Mais le loup de ce siècle a bien d'autre langage :
Je dispense, dit-il, du droict contre le droict ;
Celuy que j'ay damné, quand le Ciel le voudroit,
Ne peut estre sauvé ; j'authorise le vice,
Je fais le faict non faict, de justice injustice ;
Je sauve les damnez en un petit moment ;
J'en loge dans le ciel a coup un regiment ;
Je fais de bouë un roy, je mets les roys aux fanges
Je fais les saincts, soubs moy obeissant les anges
Je puis (cause premiere a tout cet univers)
Mettre l'Enfer au Ciel et le Ciel aux Enfers.

Voilà vostre evangile, ô vermine espagnolle,
Je dis vostre evangile, engeance de Loyolle
Qui ne portez la paix sous le double manteau,
Mais qui empoisonnez l'homicide couteau,
C'est vostre instruction d'establir la puissance
De Rome soubs couleur de poincts de conscience,
Et, soubs le nom menti de Jesus, esgorger
Les rois et les estats où vous pouvez loger :
Allez, preschez, courez, volez, meurtriere trope.
Semez le feu d'Enfer aux quatre coings d'Europe ;
Vos succez paroistront quelque jour, en cuidant
Mettre en Septentrion le sceptre d'Occident.
Je voy comme le fer piteusement besongne
En Mosco, en Suede, en Dace et en Polongne.
Insensez, en cuidant vous advancer beaucoup,
Vous eslevez l'agneau, atterrant vostre loup.
O prince mal-heureux, qui donne au jesuiste
L'accez et le credit que son peché merite !
  Or laissons-là courir la pierre et le couteau
Qui nous frappe d'enhaut ; voyons d'un œil nouveau
Et la cause et le bras qui justement les pousse ;
Foudroiez, regardons qui c'est qui se courrouce ;
Faisons paix avec Dieu pour la faire avec nous ;
Soyons doux à nous-mesm', et le ciel sera doux ;
Ne tyrannisons point d'envie nostre vie,
Lors nul n'exercera dessus nous tyrannie ;
Ostons les vains soucys, nostre dernier soucy
Soit de parler à Dieu en nous plaignant ainsy :

« Tu vois, juste vengeur, les fleaux de ton Eglise,
Qui, par eux mise en cendre et en masure mise,
A, contre tout espoir, son esperance en toy,
Pour son retranchement, le rempart de la foy.

« Tes ennemis et nous sommes esgaux en vice,
Si, juge, tu te sieds en ton lict de justice ;
Tu fais pourtant un choix d'enfans ou d'ennemis,
Et ce choix est celuy que ta grace y a mis.

« Si tu leur fais des biens, ils s'enflent en blasphemes,
Si tu nous fais du mal, il nous vient de nous-mesmes ;
Ils maudissent ton nom quand tu leur es plus doux ;
Quand tu nous meurtrirois, si te benirons-nous.

« Cette bande meurtriere à boire nous convie.
Le vin de ton courroux boiront-ils plus la lie ?
Ces verges qui sur nous s'esgaient, comm' au jeu,
Salles de nostre sang, vont-elles pas au feu ?

« Chastie en ta douceur, punis en ta furie
L'escapade aux agnaux, des loups la boucherie ;
Distingue par les deux (comme tu l'as promis)
La verge à tes enfans, la barr' aux ennemis.

« Veux-tu long-temps laisser en cette terre ronde
Regner ton ennemy ? N'es-tu seigneur du monde,
Toy, Seigneur, qui abbats, qui blesses, qui gueris,
Qui donnes vie et mort, qui tüe et qui nourris ?

« Les princes n'ont point d'yeux pour voir ces grand' merveilles ;
Quand tu voudras tonner, n'auront-ils point d'oreilles ?
Leurs mains ne servent plus qu'à nous persecuter ;
Ils ont tout pour Satan, et rien pour te porter.

« Sion ne reçoit d'eux que refus et rudesses,
Mais Babel les rançonne et pille leurs richesses ;
Tels sont les monts cornus, qui (avaricieux)
Monstrent l'or aux enfers et les neiges aux cieux.

« Les temples du payen, du Turc, de l'idolatre,
Haussent au ciel l'orgueil du marbre et de l'albastre,
Et Dieu seul, au desert pauvrement hebergé,
A basti tout le monde et n'i est pas logé !

« Les moineaux ont leurs nids, leurs nids les hyrondelles
On dresse quelque fuye aux simples colombelles ;
Tout est mis à l'abry par le soing des mortels,
Et Dieu, seul immortel, n'a logis ni autels,

« Tu as tout l'univers, où ta gloire on contemple,
Pour marchepied la terre et le ciel pour un temple,
Où te chassera l'homme, ô Dieu victorieux?
Tu possedes le ciel et les cieux des hauts cieux !

« Nous faisons des rochers les lieux où l'on te presche,
Un temple de l'estable, un autel de la creiche ;
Eux, du temple une estable aux asnes arrogants,
De la saincte maison la caverne aux brigands.

« Les premiers des chrestiens prioient aux cimetieres :
Nous avons faict ouir aux tombeaux nos prieres,
Faict sonner aux tombeaux le nom de Dieu le fort,
Et annoncé la vie aux logis de la mort.

« Tu peux faire conter ta loüange à la pierre ;
Mais n'as-tu pas tousjours ton marchepied en terre ?
Ne veux-tu plus avoir d'autres temples sacrez
Qu'un blanchissant amas d'os de morts asserrez ?

« Les morts te loüront-ils ? Tes faicts grands et terribles
Sortiront-ils du creux de ces bouches horribles ?
N'aurons-nous entre nous que visages terreux,
Murmurant ta loüange aux secrets de nos creux ?

« En ces lieux caverneux tes cheres assemblées,
Des ombres de la mort incessamment troublées,
Ne feront-elles plus resonner tes saincts lieux,
Et ton renom voler des terres dans les cieux ?

« Quoy ! serons-nous muets, serons-nous sans oreilles,
Sans mouvoir, sans chanter, sans ouïr tes merveilles ?
As-tu esteint en nous ton sanctuaire ? Non,
De nos temples vivans sortira ton renom.

« Tel est en cet estat le tableau de l'Eglise :
Elle a les fers aux pieds, sur les gesnes assise,
A sa gorge la corde et le fer inhumain,
Un pseaume dans la bouche et un luth en la main.

« Tu aimes de ses mains la parfaicte harmonie :
Nostre luth chantera le principe de vie ;
Nos doigts ne sont plus doigts que pour trouver tes sons,
Nos voix ne sont plus voix qu'à tes sainctes chansons.

« Mets à couvert ces voix que les pluies enroüent ;
Deschaine donc ces doigts, que sur ton luth ils joüent ;
Tire nos yeux ternis des cachots ennuyeux,
Et nous monstre le ciel pour y tourner les yeux.

« Soient tes yeux addoucis à guerir nos miseres,
Ton oreille propice ouverte à nos prieres,
Ton sein desboutonné à loger nos souspirs
Et ta main liberalle à nos justes desirs.

« Que ceux qui ont fermé les yeux à nos miseres,
Que ceux qui n'ont point eu d'oreille à nos prieres,
De cœur pour secourir, mais bien pour tourmenter,
Point de mains pour donner, mais bien pour nous oster,

« Trouvent tes yeux fermez à juger leurs miseres ;
Ton oreille soit sourde en oiant leurs prieres ;
Ton sein ferré soit clos aux pitiez, aux pardons ;
Ta main seiche sterile aux bien-faicts et aux dons.

« Soient tes yeux clair-voyans à leurs pechez extremes,
Soit ton oreille ouverte à leurs cris de blasphemes,
Ton sein desboutonné pour s'enfler de courroux,
Et ta main diligente à redoubler tes coups.

« Ils ont pour un spectacle et pour jeu le martyre ;
Le meschant rit plus haut que le bon n'y souspire ;
Nos cris mortels n'i font qu'incommoder leurs ris,
Les ris de qui l'esclat oste l'air à nos cris.

« Ils crachent vers la lune, et les voutes celestes
N'ont-elles plus de foudre et de feux et de pestes ?
Ne partiront jamais du throsne où tu te sieds
Et la Mort et l'Enfer qui dorment à tes pieds ?

« Leve ton bras de fer, haste tes pieds de laine ;
Venge ta patience en l'aigreur de ta peine :
Frappe du ciel Babel : les cornes de son front
Deffigurent la terre et luy ostent son rond. »

PRINCES

LIVRE SECOND

PRINCES

Je veux, à coups de traits de la vive lumière,
Crever l'enflé Python au creux de sa tasniere,
Je veux ouvrir au vent l'Averne vicieux,
Qui d'air empoisonné fasse noircir les cieux ;
Percer de ces infects les pestes et les roignes,
Ouvrir les fonds hideux, les horribles charongnes
Des sepulchres blanchis : ceux qui verront cecy,
En bouchant les naseaux, fronceront le sourcy.
Vous qui avez donné ce subject à ma plume,
Vous-mesmes qui avez porté sur mon enclume
Ce foudre rougissant aceré de fureur,
Lisez-le, vous aurez horreur de vostre horreur !

Non pas que j'aye espoir qu'une pudicque honte
Vos pasles fronts de chiens par vergogne surmonte;
La honte se perdit, vostre cœur fut taché
De la pasle impudence, en aymant le peché.
Car vous donnez tel lustre à vos noires ordures
Qu'en fascinant vos yeux elles vous semblent pures.
J'en ay rougi pour vous, quand l'acier de mes vers
Burinoit vostre histoire aux yeux de l'Univers :
Subject, style inconnu, combien de fois fermée
Ai-je à la Verité la lumiere allumée ?
Verité de laquelle et l'honneur et le droict,
Connu, loué de tous, meurt de faim et de froid ;
Verité qui, ayant son throsne sur les nües,
N'a couvert que le ciel et traisné par les rües.
Lasche jusques icy, je n'avois entrepris
D'attaquer les grandeurs, craignant d'estre surpris
Sur l'ambiguité d'une gloze estrangere,
Ou de peur d'encourir d'une cause legere
Le courroux tres-pesant des princes irritez.
Celuy-là se repend qui dit leurs veritez !
Celuy qui en dit bien trahit sa conscience.
Ainsy, en mesurant leur ame à leur puissance,
Aymant mieux leur estat que ma vie à l'envers,
Je n'avois jamais faict babiller à mes vers
Que les folles ardeurs d'une prompte jeunesse ;
Hardy, d'un nouveau cœur, maintenant je m'addresse
A ce geant morgueur, par qui chacun trompé
Souffre à ses pieds languir tout le monde usurpé.

Le fardeau, l'entreprise, est rude pour m'abbattre,
Mais le doigt du tres-fort me pousse à le combattre.
Je voy ce que je veux, et non ce que je puis ;
Je voy mon entreprise, et non ce que je suis.
Preste-moi, Verité, ta pastorale fronde,
Que j'enfonce dedans la pierre la plus ronde
Que je pourray choisir, et que ce caillou rond
Du vice Goliath s'enchasse dans le front.

 L'ennemy mourra donc, puisque la peur est morte.
Le temps a creu le mal ; je viens en cette sorte,
Croissant avec le temps de style, de fureur,
D'aage, de volonté, d'entreprise et de cœur.
Et d'autant que le monde est roide en sa malice
Je deviens roide aussy pour guerroyer le vice.

 Çà, mes vers bien-aymez, ne soiez plus de ceux
Qui, les mains dans le sein, tracassent, paresseux,
Les steriles discours dont la vaine memoire
Se noye dans l'oubly, en ne pensant que boire.

 Si quelqu'un me reprend que mes vers eschauffez
Ne sont rien que de meurtre et de sang estoffez,
Qu'on n'y lit que fureur, que massacre, que rage,
Qu'horreur, malheur, poison, trahison et carnage,
Je lui responds : Ami, ces mots que tu reprends
Sont les vocables d'art de ce que j'entreprens ;
Les flatteurs de l'Amour ne chantent que leurs vices,
Que vocables choisis à peindre les délices,
Que miel, que ris, que jeux, amours et passe-temps,
Une heureuse folie à consumer son temps.

Quand j'estois fol heureux (si cest heur est folie,
De rire aiant sur soy sa maison demolie ;
Si c'est heur d'appliquer son fol entendement
Au doux, laissant l'utile ; estre sans sentiment,
Lepreux de la cervelle, et rire des miseres
Qui accablent le col du païs et des freres),
Je fleurissois comm'eux de ces mesmes propos
Quand par l'oisiveté je perdois le repos.
Ce siecle, autre en ses mœurs, demande un autre style.
Cueillons des fruicts amers desquels il est fertile.
Non, il n'est plus permis sa veine desguiser :
La main peut s'endormir, non l'ame reposer,
Et voir en mesme temps nostre mere hardie,
Sur ses costez joüer la dure tragedie,
Proche à sa catastrophe, où tant d'actes passez
Me font frapper des mains et dire : C'est assez !
Mais où se trouvera qui à langue desclose,
Qui à fer esmoulu, à front descouvert, ose
Venir aux mains, toucher, faire sentir aux grands
Combien ils sont petits et foibles et sanglants !
Des ordures des grands le poëte se rend sale
Quand il peint en Cœsar un ord Sardanapale,
Quand un traistre Sinon pour sage est estimé,
Desguisant un Neron en Trajan bien-aymé ;
Quand d'eux une Thaïs une Lucrece est dite,
Quand ils nomment Achill' un infame Thersite ;
Quand, par un fat sçavoir ils ont tant combattu
Que, souldoiez du vice, ils chassent la vertu.

Ils chassent les esprits trop enrichis des graces
De l'Esprit eternel, qui ont à pleines tasses
Beu du nectar des cieux (ainsi que le vaisseau
D'un bois qui en poison change la plus douce eau),
Ces vaisseaux venimeux de ces liqueurs si belles
Font l'aconite noir et les poisons mortelles.
  Flatteurs, je vous en veux ; je commence par vous
A desployer les traicts de mon juste courroux :
Serpents qui, retirez des mortelles froidures,
Tirez de pauvreté, eslevez des ordures
Dans le sein des plus grands, ne sentez leur chaleur
Plustost que vous picquez de venin sans douleur
Celuy qui vous nourrit, celui qui vous appuie
Vipereaux, vous tüez qui vous donne la vie.
Princes, ne prestez pas le costé aux flatteurs :
Ils entrent finement, ils sont subtils questeurs,
Ils ne prennent aucun que celuy qui se donne ;
A peine de leurs lacqs voi-je sauver personne ;
Mesmes en les fuiant nous en sommes deceus,
Et, bien que repoussez, souvent ils sont receus.
Mais en ce temps infect tant vaut la menterie,
Et tant a pris de pied l'enorme flatterie,
Que le flatteur honteux, et qui flatte a demi
Faict son Roy non demi, mais entier ennemi.
Et qui sont les flatteurs ? Ceux qui portent les tittres
De conseillers d'Estat ; ce ne sont plus belistres,
Gnatons du temps passé ; en chaire les flatteurs
Portent le front, la grace et le nom de prescheurs ;

Le peuple ensorcelé, dans la chaire esmerveille
Ceux qui, au temps passé, chuchetoient à l'oreille,
Si que, par fard nouveau, vrais prevaricateurs,
Ils blasment les pechez desquels ils sont autheurs,
Coulent le moucheron, et ont appris à rendre.
La loüange cachée à l'ombre du reprendre.
D'une feinte rigueur, d'un courroux simulé,
Donnent pointe d'aigreur au los emmiellé.
De tels coups son enfant la folle mere touche
La cuisse de la main et les yeux de la bouche.
Un prescheur mercenaire, hypocrite effronté,
De qui Sathan avoit le sçavoir achepté,
A-il pas tant cerché fleurs et couleurs nouvelles,
Qu'il habille en martyr le bourreau des fidelles ?
Il nomme bel exemple une tragicque horreur,
Le massacre justice, un zele la fureur ;
Il plaint un roy sanglant, sur tout il le veut plaindre
Qu'il ne peut en vivant assez d'ames estreindre ;
Il faict vaillant celuy qui n'a veu les hazards,
Studieux l'ennemy des lettres et des arts,
Chaste le mal-heureux, au nom duquel il tremble,
S'il luy faut reprocher les deux amours ensemble,
Et fidel et clement il a chanté le roy
Qui, pour tüer les siens, tüa sa propre foy.
   Voilà comment le diable est faict par eux un ange,
Au chantre et au chanté vergogneuse loüange.
Nos princes sont loüez, loüez et vitieux,
L'escume de leur pus leur monte jusqu'aux yeux,

Plustot ils n'ont du mal quelque voix veritable ;
Moins vaut l'utile vray que le faux aggreable,
Sur la langue d'aucun à present n'est porté
Cet espineux fardeau qu'on nomme Verité.
Pourtant suis-je esbahy comment il se peut faire
Que de vices si grands on puisse encore extraire
Quelque goust pour loüer, si ce n'est à l'instant
Qu'un roy devient infect, un flatteur quant et quant
Croist, à l'envy du mal, une orde menterie.
Voilà comment de nous la verité bannie,
Meurtrie et dechirée, est aux prisons, aux fers,
On esgare ses pas parmy les lieux deserts.
Si quelquefois un fol, ou tel au gré du monde,
  La veut porter en Cour, la vanité abonde
Des moiens familiers pour la chasser dehors :
La pauvrette soustient mille playes au corps,
L'injure, le desdain, dont elle n'est fachée,
Souffrant tout à plaisir hormis d'estre cachée.
Je l'ay prise aux deserts, et, la trouvant au bord
Des isles des bannis, j'y ay trouvé la mort.
La voicy par la main, elle est marquée en sorte
Qu'elle porte un couteau pour celuy qui la porte.
Que je sois ta victime, o celeste beauté,
Blanche fille du ciel, flambeau d'Eternité ;
Nul bon œil ne la voit qui transy ne se pasme ;
Dans cette pasmoison s'esleve au ciel toute ame.
L'antousiasme apprend à mieux connoistre et voir ;
Du bien vient le desir, du desir vient l'espoir,

De l'espoir le dessein, et du dessein les peines,
Et la fin met à bien les peines incertaines.
Mais n'est-il question de perdre que le vent
D'un vivre mal heureux qui nous meurtrit souvent,
Pour contenter l'esprit rendre l'ame delivre
Des bourreaux, des menteurs qui se perdent pour vivre ?
Doi-je pour mes bastards tüer les amiensffin
De fuir de ma vie une honorable fin ?
Parricides enfants, poursuivez ma misere,
L'honorable mal heur ou l'heur de votre pere ;
Mourons, et en mourant laissons languir tous ceux
Qui, en flattant nos roys, acheptent, mal heureux,
Les plaisirs de vingt ans d'une eternelle peine.
Qu'ils assiegent ardents une oreille incertaine,
Qu'ils chassent halletans ; leur curée et leur part
Seront dire, promettre, et un double regard :
Ces lasches serfs seront, au millieu des carnages
Et des meurtres sanglants, troublez en leurs courages ;
Les œuvres de leurs mains (quoy qu'ils soient impiteux)
Feront dresser d'horreur et tomber leurs cheveux,
Transis en leurs plaisirs. O que la plaie est forte
Qui mesm' empuantyt le pourry qui la porte !
Cependant, au millieu des massacres sanglants
(Exercices et jeux aux desloiaux tyrans),
Quand le peuple gemit sous le faix tyrannicque,
Quand ce siecle n'est rien qu'une histoire tragicque,
Ce sont farces et jeux toutes leurs actions ;
Un ris sardonien peint leurs affections,

Bizarr' habits et cœurs, les plaisants se desguisent,
Enfarinez, noircis, et ces basteleurs disent :
Deschaussons le cothurne, et rions, car il faut
Jetter ce sang tout frais hors de nostre eschaffaut,
En prodiguant dessus mille fleurs espanchées,
Pour cacher nostre meurtre à l'ombre des jonchées.
Mais ces fleurs seicheront, et le sang recelé
Sera puant au nez, non aux yeux revelé.
Les delices des grands s'envollent en fumée,
Et leurs forfaicts marquez teignent leur renommée.

   Ainsy, lasches flatteurs, ames qui vous ploiez
En tant de vents, de voix, que siffler vous oyez ;
O ploïables esprits : o consciences molles,
Temeraires joüets du vent et des parolles !
Vostre sang n'est point sang, vos cœurs ne sont point cœurs ;
Mesme il n'y a point d'ame en l'ame des flatteurs ;
Car leur sang ne court pas, duquel la vive source
Ne bransle pas pour soy, de soy ne prend sa course ;
Et ces cœurs, non vrais cœurs, ces desirs, non desirs,
Ont au plaisir d'autruy l'aboy de leurs plaisirs.
Vous estes fils de serfs, et vos testes tondües
Vous font resouvenir de vos meres vendües.
Mais quelle ame auriez-vous? Ce cinquiesme element
Meut de soy, meut autruy, source du mouvement ;
Et vostre ame, flatteurs, serfve de vostre oreille
Et de vostre œil, vous meut d'inconstance pareille
Que le cameleon : aussy faut-il souvent
Que ces cameleons ne vivent que de vent.

Mais ce trop sot mestier n'est que la theoricque
De l'autre qui apporte après soy la praticque ;
Un nouveau changement, un office nouveau,
D'un flatteur idiot faict un fin macquereau.
Nos anciens, amateurs de la franche justice,
Avoient de fascheux noms nommé l'horrible vice :
Ils appelloient brigand ce qu'on dit entre nous
Homme qui s'accomode, et ce nom est plus doux ;
Ils tenoient pour larron qui faict son mesnage,
Pour poltron un finet, qui prend son advantage ;
Ils nommoient trahison ce qui est un bon tour ;
Ils appelloient putain une femme d'amour ;
Ils nommoient macquereau un subtil personage
Qui sçait solliciter et porter un message.
Ce mot macquerelage est changé en poulets.
Nous faisons faire aux grands ce qu'eux à leurs valets ;
Nous honorons celuy qui entr'eux fut infame ;
Nul esprit n'est esprit, nulle ame n'est belle ame,
Au periode infect de ce siecle tortu,
Qui à ce poinct ne faict tourner toute vertu.
On cerche donc une ame et tranquille et modeste,
Pour sourdement cacher cette mourante peste ;
On cerche un esprit vif, subtil, malitieux,
Pour ouvrir les moiens et desnoüer les nœuds,
La longue experience assez n'y est experte ;
Là souvent se prophane une langue diserte ;
L'eloquence, le luth et les vers les plus beaux,
Tout ce qui louoit Dieu, es mains des macquereaux

Change un pseaume en chanson, si bien qu'il n'y a chose
Sacrée à la vertu que le vice n'expose,
Ou le desir bruslant, ou la prompte fureur,
Ou le traistre plaisir faict errer nostre cœur,
Et quelque feu soudain promptement nous transporte
Dans le seuil des pechez, trompez en toute sorte.
Le maquereau est seul qui peche froidement,
Qui, toujours bourrelé de honte et de tourment,
Vilainement forcé, pas après pas s'advance,
Retiré des chaisnons de quelque conscience.
Le vilain, tout tremblant, craintif et refronché
Mesme montre en pechant le nom de son peché.
Tout vice tire à soy quelque prix ; au contraire,
Ce vice qui ne sent rien que la gibbeciere,
Le coquin, le bissac, a pour le dernier pris,
Par les veilles du corps et celle des esprits,
La ruine des deux. Le ciel pur, de sa place,
Ne void rien icy bas qui trouble tant sa face ;
Rien ne noircit si tost le ciel serain et beau
Que l'haleine et que l'œil d'un transy macquereau.

 Il est permis aux grands, pourveu que l'un ne fasse
De l'autre le mestier et ne change de place,
D'avoir renards, chevaux, et singes et fourmis,
Serviteurs esprouvez et fideles amis.
Mais le malheur advient que la sage finesse
Des renards, des chevaux la necessaire addresse,
La vistesse, la force et le cœur aux dangers ;
Le travail des fourmis, utiles mesnagers,

S'emploie aux vents, aux coups ; ils se plaisent d'y estre ;
Tandis le singe prend à la gorge son maistre,
Le fait haïr, s'il peut, à nos princes mignons,
Qui ont beaucoup du singe et fort peu des lions.
Qu'advient-il de cela ? Le bouffon vous amuse,
Un renard ennemy vous faict cuire sa ruse
On a pour œconome un plaisant animal,
Et le prince combat sur un singe à cheval.
  Qu'ay-je dit des lions ? Les eslevez courages
De nos rois abbaissoient et leur force et leurs rages,
Doctes à s'en servir ; les sens effeminez
De ceux-cy n'aiment pas les fronts determinez,
Tremblent de leurs lions ; car la vertu estonne
De nos coulpables rois l'ame basse et poltronne.
L'esprit qui s'emploioit jadis à commander
S'emploie, degeneré, à tout apprehender.
Pourtant ce roy, songeant que les griffes meurtrieres
De ses lyons avoient crocheté leurs tasnieres
Pour le déschirer vif, prevoyant à ces maux,
Fit bien mal à propos tüer ces animaux.
Il laissa le vrai sens, s'attachant au mensonge.
Un bon Joseph eût pris autrement un tel songe,
Et eut dit : Les lions superbes, indomptez,
Que tu doibs redouter, sont princes irritez,
Qui brusleront tes reins et tes foibles barrieres,
Pour n'estre pas tournez aux proies estrangeres.
Apprens, Roy, qu'on nourrit de bien divers moiens
Les lyons de l'Affricque ou de Lyon les chiens.

De ces chiens de Lyon tu ne crains le courage,
Quand tu changes des rois et l'habit et l'usage,
Quand tu blesses des tiens les cœurs à millions ;
Mais tu tournes ta robbe aux yeux de tes lyons,
Quand le royal manteau se change en une aumusse,
Et la couronne au froc d'un vilain picque-puce.
  Les rois aux chiens flatteurs donnent le premier lieu,
Et, de cette canaille endormis au millieu,
Chassent les chiens de garde ; en nourrissant le vice,
S'assiegent de trompeurs ; l'estrangere malice
Jette par quelque trou sa richesse et ses os,
Pour nourrir aux muets le dangereux repos.
On void soubs tels valets, ou plutost soubs tels maistres,
Du corps traistre les yeux et les oreilles traistres :
Car les plus grands, qui sont des princes le conseil,
Sont des princes le cœur, le sens, l'oreille et l'œil.
Si ton cœur est meschant, ta cervelle insensée,
Si l'ouïr et le voir trahissent ta pensée,
Qu'un precipice bas paroisse un lieu bien seur,
Qu'un amere poison te soit une douceur,
Le scorpion un œuf, où auras-tu puissance
De fuir les dangers et fuir l'asseurance ?
  Si quelque prince un jour (sagement curieux
D'ouïr de son oreille et de voir de ses yeux
Ses pechez sans nul fard, desguisant son visage
Et son habit) vouloit faire quelque voyage ;
Sçavoir du laboureur, du rançonné marchand,
Si son prince n'est pas exacteur et meschant ;

Sçavoir de quel renom s'esleve sa proüesse,
S'il est le roy des cœurs comme de la noblesse,
Qu'il passe plus avant, et, pour se descharger
Du vouloir de connoistre, aille voir l'estranger ;
Ou qu'ainsy qu'autrefois ce tres-grand Alexandre,
Ce sage Germanic, prindrent plaisir d'entendre,
Espions de leurs camps, soubs habits empruntez,
Dans l'obscur de la nuict, leurs claires veritez ;
Desguisez, ils rouoient les tentes des armées
Pour, sans desguisemens, gouster les renommées.
Le prince, defardé du lustre de son vent,
Trouvera tant de honte et d'ire en se trouvant
Tyran, lasche, ignorant, indigne de loüange
Du tiers Estat, de noble et au païs estrange,
Que, s'il veut estre heureux, à son heur advisé,
A jamais il voudra demeurer desguisé.
Mais, estant en sa cour, des macquereaux la trouppe
Luy faict humer le vice en l'obscur de sa couppe.
  Les monts les plus hautains, qui de rochers hideux
Fendent l'air et la nüe, et voisinent les cieux,
Sont tous couverts de neige, et leurs cimes cornües
Des malices de l'air, des excremens des nües,
Portent le froid chappeau ; leurs chefs tous fiers et hauts
Sont braves et fascheux, et steriles et beaux ;
Leur cœur et leur millieu, on oit bruire des rages
Des tygres, des lyons et des bestes sauvages.
Et, de leurs pieds hydeux aux rochers crevassez,
Sifflent les tortillons des aspics enlassez.

Ainsy les chefs des grands sont faicts par les malices
Steriles, sans raison, couverts d'ire et de vices,
Superbes, sans esprit, et leurs seins et leurs cœurs
Sont tygres impuissants et lyons devoreurs;
En leurs faux estomachs sont les noires tasnieres,
Dans ce creux les desirs, comme des bestes fieres;
Desirs, dis-je, sanglants, grondent en devorant
Ce que l'esprit volage a ravi en courant.
Leurs pas sont venimeux, et leur puissance impure
N'a soustien que le fer, que poison et qu'injure.
De ce superbe mont les serpents sont au bas,
La ruse du serpent conserve leurs Estats,
Et le poison secret va destruisant la vie
Qui, brave, s'opposoit contre la tyrannie.
 Dieu veut punir les siens quand il leve sur eux,
Comme sur des meschants les princes vicieux,
Chefs de ses membres chers; par remede on asseure
Ce qui vient de dehors, la plaie exterieure;
Mais, si la noble part loge un puits enfermé,
C'est ce qui rend le corps et mort et consumé,
Mesme si le mal est en haut, car la cervelle
A sa condition tous les membres appelle.
 Princes que Dieu choisit pour du millieu des feux,
Du service d'Ægypte et du joug odieux
Retirer ses troupeaux, beaux pilliers de son temple,
Vous êtes de ce temple et la gloire et l'exemple !
Tant d'yeux sont sur vos pieds, et les ames de tous,
Tirent tant de plaisirs ou de plaintes de vous!

Vos crimes sont doublez et vos malheurs s'accroissent,
D'un lieu plus eslevé plus haut ains ils paroissent.
Ha que de sang se perd pour un piteux paiement
De ce que vous pechez! Qu'il vole de tourment
Du haut de vos couppeaux! Que de vos cimes hautes
Dessus le peuple bas vollent d'ameres fautes!
C'est pourquoy les sueurs et les labeurs en vain,
Sans force et sans conseil delaissent vostre main :
Vous estes courageux, que sert vostre courage?
Car Dieu ne benit point en vos mains son ouvrage :
En vain tous contristez, vous levez vers les cieux
Vos yeux, car ce ne sont que d'impudicques yeux!
Cette langue qui prie est salie en ordures
Les mains que vous joignez ce sont des mains impures
Dieu tout vray n'aime point tant de feintes douleurs,
Il veut estre flechy par pleurs, mais autres pleurs;
Il esprouve par feu, mais veut l'ame enflamée
D'un brasier pur et net et d'un feu sans fumée.
Ce luth qui touche un pseaume a un mestier nouveau,
Il ne plaist pas à Dieu, ce luth est macquereau;
Ces levres qui en vain marmottent vos requestes,
Vous les avez ternies en baisers des-honestes,
Et ces genoux ploiez dessus des licts vilains,
Prophanes, ont ploié parmy ceux des putains.
Si, depuis quelque temps, vos rytmeurs hypocrites,
Desguisez, ont changé tant de phrazes escrittes
Aux prophanes amours, et de mesmes couleurs
Dont ils servoient Sathan, infames basteleurs,

Ils colorent encor leurs pompeuses prieres
De fleurs de vieux païens et fables mensongeres,
Ces escolliers d'erreur n'ont pas le style appris
Que l'Esprit de lumiere apprend à nos esprits,
De quell' oreille Dieu prend les phrases flattresses
Desquelles ces pipeurs flechissoient leurs maistresses.
Courbeaux enfarinez, les colombes font choix
De vous, non à la plume, ains au son de la voix;
En vain vous desploiez harangue sur harangue,
Si vous ne prononcez de Canaan la langue;
En vain vous commandez, et restez esbahis
Que, desobeissants, vous n'estes obeis :
Car Dieu vous faict sentir soubs vous, par plusieurs testes
En leur rebellion, que rebelles vous estes ;
Vous secoüez le joug du puissant roy des roys !
Vous mesprisez sa loy, on mesprise vos loix!
  Or, si mon sein, bouillant de crève-cœur extreme
Des taches de nos grands, a tourné sur eux-mesme
L'œil de la verité; s'ils sont picquez, repris,
Par le juste foüet de mes aigres escrits,
Ne tirez pas de là, ô tyrans, vos loüanges,
Car vous leurs donnez lustre, et pour vous ils sont anges;
Entre vos noirs pechez n'i a conformité ;
Hommes, ils n'ont bronché que par infirmité,
Et vous, comme jadis les bastards de la terre,
Blessez le Sainct-Esprit et à Dieu faictes guerre.
  Roys, que le vice noir asservit soubs ses loix,
Esclaves de pechez, forçaires, non pas roys,

De vos affections, quelle fureur despite
Vous corrompt, vous esmeut, vous pousse et vous invite
A tremper dans le sang vos sceptres odieux,
Vicieux commencer, achever vicieux
Le regne insupportable et rempli de miseres
Dont le peuple poursuit la fin par ses prieres?
Le peuple estant le corps et les membres du roy,
Le roy est chef du peuple; et c'est aussy pourquoy
La teste est freneticque et pleine de manie
Qui ne garde son sang pour conserver sa vie;
Et le chef n'est plus chef quand il prend ses esbats
A coupper de son corps les jambes et les bras.
Mais ne vaut-il pas mieux, comme les traistres disent,
Lors que les accidents les remedes mesprisent,
Quand la plaie noircit et sans mesure croist,
Quand premier à nos yeux la gangrene paroist,
Ne vaut-il pas bien mieux d'un membre se deffaire
Qu'envoyer laschement tout le monde au suaire?
Tel aphorisme est bon alors qu'il faut curer
Le membre qui se peut sans la mort separer,
Mais non lors que l'amas de tant de maladies
Tient la masse du sang, ou les nobles parties,
Que le cerveau se purge et sente que de soy
Coule du mal au corps, duquel il est le roy.
Ce roy donc n'est plus roy, mais monstreuse beste,
Qui au haut de son corps ne faict debvoir de teste:
La ruine et l'amour sont les marques à quoy
On peut connoistre à l'œil le tyran et le roy:

L'un desbrise les murs et les loix de ses villes,
Et l'autre à conquerir met les armes civiles;
L'un cruel, l'autre doux, gouvernent leurs subjects
En valets par la guerr', en enfants par la paix;
L'un veut estre hay, pourveu qu'il donne crainte;
L'autre se faict aymer, et veut la peur esteinte;
Le bon chasse les loups, l'autre est loup du troupeau;
Le roy veut la toison, l'autre cerche la peau;
Le roy faict que la voix du peuple le benie,
Mais le peuple en ses vœux maudit la tyrannie.
  Voicy quels dons du ciel, quels thresors, quels moyens,
Requeroient en leurs roys les plus sages payens.
Voicy quel est le roy de qui le regne dure,
Qui establit sur soy pour royne la nature,
Qui craint Dieu, qui esmeut pour l'affligé son cœur,
Entrepreneur, prudent, hardy executeur,
Craintif en prosperant, dans le peril sans crainte,
Au conseil sans chaleur, la parolle sans feinte;
Imprenable aux flatteurs, gardant l'ami ancien,
Chiche de l'or public, tres-liberal du sien;
Pere de ses subjects, amy du miserable,
Terrible à ses haineux, mais à nul mesprisable;
Familier non commun, aux domesticques doux;
Effroyable aux meschants, equitable envers tous;
Faisant que l'humble espere et que l'orgueilleux tremble,
Portant au front la crainte et l'amour tout ensemble,
Pour se voir des plus hauts et plus subtils esprits
Sans haine redouté, bien aymé sans mespris;

Qu'il ait le cœur dompté, que sa main blanche et pure
Soit nette de l'autruy, sa langue sans injure ;
Son esprit à bien faire emploie ses plaisirs ;
Qu'il arreste son œil de semer des desirs ;
Debteur aux vertueux, persecuteur du vice,
Juste dans sa pitié, clement en sa justice.
Par ce chemin l'on peut, regnant en ce bas lieu,
Estre dieu secondaire, ou image de Dieu.

 Ça esté, c'est encor une dispute antique,
Lequel, du roy mechant ou du conseil inicque,
Est le plus supportable : Hé ! nous n'avons de quoy
Choisir un faux conseil et un inicque roy !
De ruiner la France au conseil on decide ;
Le François en est hors, l'Espagnol y preside ;
On foule l'orphelin, le pauvre y est vendu ;
Point n'y est le tourment de la vefve entendu ;
Du cerveau feminin l'ambitieuse envie
Leur sert là de principe et de tous est suivie ;
Là un prestre apostat, prevoiant et ruzé,
Veut, en ploiant à tout, de tous estre excusé ;
L'autre, pensionnaire et valet d'une femme,
Employe son esprit à engager son ame ;
L'autre faict le royal, et, flattant les deux parts,
Veut trahir les Bourbons, et flatter les Guisards.
Un charlatan de cour y vend son beau langage,
Un bourreau froid, sans ire, y conseille un carnage ;
Un boiteux estranger y bastit son thresor,
Un autre faux François trocque son ame à l'or ;

L'autre, pour conserver le profitable vice,
Ne promet que justice, et ne rend qu'injustice.
Les princes là dessus achetent finement
Ces traistres, et sur eux posent leur fondement.
On traitte des moiens et des ruses nouvelles
Pour succer et le sang et les chiches moelles
Du peuple ruiné; on fraude de son bien
Un François naturel pour un Italien;
On traitte des moiens pour mutiner les villes,
Pour nourrir les flambeaux de nos guerres civilles,
Et le siege estably pour conserver le Roy
Ouvre au peuple un moien pour luy donner la loy;
Et c'est pourquoy on a pour cette commedie
Un asne italien, un oiseau d'Arcadie,
Ignorant et cruel, et qui, pour en avoir,
Sçait bien ne toucher rien, n'oüir rien, ne rien voir.

   C'est pourquoy vous voyez sur la borne de France
Passer à grands thresors cette chiche substance
Qu'on a tiré du peuple au millieu de ses pleurs.
François, qui entretiens et gardes tes voleurs,
Tu sens bien ces douleurs, mais ton esprit n'excede
Le sentiment du mal pour trouver le remede;
Le conseil de ton Roy est un bois arrangé
De familiers brigands où tu es esgorgé.

   Encor la tyrannie, aux François redoutable,
Qui s'est lié les poings pour estre miserable,
Te faict prendre le fer pour garder tes bourreaux,
Inventeurs de tes maux journellement nouveaux.

Au conseil de ton Roy, ces poincts encor on pense
De te tromper tousjours d'une vaine esperance ;
On machine le meurtre et le poison de ceux
Qui voudroient bien chasser les loups ingenieux ;
On traitte des moiens de donner recompense
Aux macquereaux des roys, et, avant la sentence,
On confisque le bien au riche, de qui l'or
Sert en mesme façon du membre de castor ;
On reconnoist encor les bourreaux homicides,
Les verges des tyrans aux despens des subsides,
Sans honte et sans repos, les serfs plus abbaissez,
Humbles pour dominer, se trouvent advancez
A servir, adorer. Une autre bande encore,
C'est le conseil sacré qui la France devore.
Ce conseil est meslé de putains et garçons,
Qui, doublans et triplans en nouvelles façons
Leur plaisir abbruty du faix de leurs ordures,
Jettent sur tout conseil leurs sentences impures.
Tous veillent pour nourrir cet infame traffic,
Cependant que ceux-là qui, pour le bien public,
Veillent à l'equité, deffendent la justice,
Establissent les loix, conservent la police,
Pour n'estre des malheurs coulpables artisans,
Et pour n'avoir vendu leur ame aux courtisans,
Sont punis à la Cour, et leur dure sentence
Sent le poix inesgal d'une injuste balance.
 Ceux-là qui, despendants leurs vies en renom,
Ont prodigué leurs os aux rages du canon,

Lorsque ces pauvres fols, esbranchez de leurs membres,
Attendent le conseil et les princes aux chambres,
Ils sont jettez arrière, et un bouffon bavant
Blessera le blessé pour se pousser devant.
Pour ceux-là n'i a point de finance en nos comptes,
Mais bien les hoche-nez, les opprobres, les hontes,
Et au lieu de l'espoir d'estre plus renommez,
Ils donnent passe-temps aux muguets parfumez.

 Nos princes ignorants tournent leurs louches veües,
Courants à leurs plaisirs eshontez par les rües,
Tous ennuyez d'ouïr tant de fascheuses voix,
De voir les bras de fer et les jambes de bois,
Corps vivants à demi, nez pour les sacrifices
Du plaisir de nos rois, ingrats de leurs services.

 Prince, comment peux-tu celuy abandonner,
Qui pour toy perd cela que tu ne peux donner ?
Miserable vertu pour neant desirée,
Trois fois plus miserable et trois fois empirée,
Si la discretion n'apprend aux vertueux
Quels roys ont merité que l'on se donne à eux :
Pource que bien souvent nous souffrons peines telles,
Soustenans des plus grands les injustes querelles,
Valets de tyrannie, et combattons exprès
Pour establir le joug qui nous accable après.
Nos peres estoient francs; nous qui sommes si braves,
Nous lairrons des enfants qui nous seront esclaves !
Ce thresor precieux de nostre liberté
Nous est par les ingrats injustement osté.

Les ingrats, insolents à qui leur est fidelle,
Et liberaux de crainte à qui leur est rebelle,
Car à la force un grand conduit sa volonté,
Dispose des bien-faicts par la necessité,
Tient l'acquis pour acquis, et pour avoir ouy dire
Que le premier accueil aux François peut suffire,
Aux anciens serviteurs leur bien n'est departi,
Mais à ceux qui sans dons changeroient de parti.
Garder bien l'acquesté n'est une vertu moindre
Qu'acquerir tous les jours et le nouveau adjoindre
Les princes n'ont pas sceu que c'est pauvre butin
D'esbranler l'asseuré pour chercher l'incertain ;
Les habiles esprits, qui n'ont point de nature
Plus tendre que leur prince, ont un vouloir qui dure
Autant que le subject, et en servant les rois
Sont ardens comme feu tant qu'il trouve du bois.

 Quiconque sert un Dieu dont l'amour et la crainte
Soit bride à la jeunesse et la tienne contrainte,
Si bien que vicieux, et non au vice né,
Dans le seuil du péché il se trouve estonné ;
Se polluant moins libre au plaisir de son maistre,
Il n'est plus aggreable, et tel ne sçauroit estre.
Nos rois, qui ont appris à machiaveliser,
Au temps et à l'Estat leur ame deguiser,
Ploient la piété au joug de leur service,
Gardent religion pour ame de police.

 O quel malheur du ciel, vengeance du destin,
Donne des roys enfans et qui mangent matin !

O quel phœnix du ciel est un prince bien sage,
De qui l'œil gratieux n'a forcené de rage,
Qui n'a point soif de sang, de qui la cruauté
N'a d'autruy la fureur par le sceptre herité !
Qui, philosophe et roy, regne par la science,
Et n'est faict impuissant par sa grande puissance !
Ceux-là regnent vraiment, ceux-là sont de vrais roys,
Qui sur leurs passions establissent des loix,
Qui regnent sur eux-mesme et d'une ame constante,
Domptant l'ambition, volage et impuissante.
Non les hermaphrodits (monstres effeminez),
Corrompus bourdeliers, et qui estoient mieux nez
Pour valets de putains que seigneurs sur les hommes;
Non les monstres du siècle et du temps où nous sommes :
Non pas ceux qui soubs l'or, soubs le pourpre royal,
Couvent la lascheté, un penser desloyal,
La trahison des bons, un mespris de la charge
Que sur le dos d'un Roy un bon peuple decharge :
Non ceux qui souffrent bien les femmes avoir l'œil
Sur la saincte police et sur le sainct conseil,
Sur les faits de la guerre et sur la paix esmeüe
De plus de changements que d'orage la nüe.
Cependant que nos Roys, doublement desguisez,
Escument une ruë en courant, attizez
A crocheter l'honneur d'une innocente fille
Ou se faire estallons des bourdeaux de la ville,
Au sortir des Palais le peuple ruiné
A ondes se prosterne, et le pauvre estonné

Les Tragiques. — T. I.

Coule honteusement, quand les plaisans renversent
Les foibles à genoux, qui sans profiter versent
Leurs larmes en leur sein, quand l'amas arrangé
Des gardes impiteux afflige l'affligé.
 En autant de mal-heurs qu'un peuple miserable
Traine une triste vie en un temps lamentable,
En autant de plaisirs les Roys voluptueux,
Yvres d'ire et de sang, nagent luxurieux
Sur le sein des putains, et ce vice vulgaire
Commance desormais par l'usage à desplaire :
Et comme le peché qui le plus commun est
Sent par trop sa vertu, aux vicieux desplaist :
Le Prince est trop atteint de fascheuse sagesse
Qui n'est que le ruffien d'une sale Princesse :
Il n'est pas galand homme et n'en sçait pas assez
S'il n'a tous les bourdeaux de la Cour tracassez ;
Il est compté pour sot s'il eschappe quelqu'une
Qu'il n'ait jà en desdain pour estre trop commune ;
Mais pour avoir en Cour un renom grand et beau,
De son propre valet faut estre macquereau,
Esprouver toute chose et hazarder le reste,
Imitant le premier, commettre double inceste.
Nul regne ne sera pour heureux estimé
Que son Prince ne soit moins craint et plus aymé ;
Nul règne pour durer ne s'estime et se conte
S'il a prestres sans crainte et les femmes sans honte,
S'il n'a loy sans faveur, un Roy sans compagnons,
Conseil sans estranger, cabinet sans mignons.

Ha ! Sarmates razez, vous qui, estans sans Roys,
Avez le droict pour roy, et vous-mesmes pour loix,
Qui vous liez au bien, qui esloignez le vice
Pour amour de vertu, sans crainte du supplice,
Quel abuz vous poussa, pour venir de si loing
Priser ce mesprisé, lorsqu'il avoit besoing
Pour couvrir son malheur, d'une telle advanture ?
Vostre manteau royal fut une couverture
D'opprobre et deshonneur, quand les bras desploiez
Vengeoyent la mort de ceux qui moururent liez.
Ha ! si vous eussiez eu certaine connoissance
D'un feminin sanglant abattu d'impuissance,
Si vous n'eussiez ouy mentir les seducteurs
Qui pour luy se rendoient mercenaires flatteurs,
Ou ceux qui en couvrant son orde vilenie
Par un mentir forcé ont rachepté leur vie,
Ou ceux qui, vous faisant un cruel tyran doux,
Et un poltron vaillant, deschargerent en vous
Le faix qui leur pesoit, vous n'eussiez voulu mettre
Vos loix, vostre couronne, et les droicts, et le sceptre
En ces impures mains, si vous eussiez bien veu,
En entrant à Paris, les perrons et le feu
Meslé de cent couleurs, et les cahots estranges
Bazes de ces tableaux, où estoient vos loüanges.
Vous aviez trouvé là un augure si beau,
Que vous n'emportiez rien de France qu'un flambeau
Qui en cendre eust bien tost vostre force réduitte,
Sans l'heur qui vous advint de sa honteuse fuitte.

Si vous eussiez ouy parler les vrais François,
Si des plus eloquents les plus subtiles voix
N'eussent esté pour vous feintes et mercenaires,
Vous n'eussiez pas tiré de France vos miseres,
Vous n'eussiez pas choisi, pour dissiper vos loix,
Le monstre devorant la France et les François.
Nous ne verrons jamais les estranges provinces
Eslire à leur malheur nos miserables Princes :
Celuy qui sans merite a obtenu cet heur
Leur donne eschantillon de leur peu de valeur;
Si leur corps sont lepreux, plus lepreuses, leurs ames
Usent sans sentiment et du fer et des flammes,
Et si leurs corps sont laids, plus laid, l'entendement
Les rend sots et meschants, vuides de sentiment.

 Encor la tyrannie est un peu supportable,
Qu'un lustre de vertu faict paroistre agreable.
Bien-heureux les Romains qui avoient les Cesars
Pour tyrans amateurs des armes et des arts :
Mais mal-heureux celuy qui vit esclave infame
Soubs une femme hommace et soubs un homme femme :
Une mère douteuse, après avoir esté
Macquerelle à ses fils, en a l'un arresté
Sauvage dans les bois, et, pour belle conqueste
Le faisoit triompher du sang de quelque beste.
Elle en fit un Esau, de qui les ris, les yeux,
Sentoyent bien un tyran, un chartier furieux ;
Pour se faire cruel, sa jeunesse esgarée
N'avoit rien que le sang, et prenoit sa curée

A tüer sans pitié les cerfs qui gemissoient,
A transpercer les daims, et les fans qui naissoient,
Si qu'aux plus advisez cette sauvage vie
A faict prevoir de luy massacre et tyrannie.
   L'autre fut mieux instruict a juger des atours
Des putains de sa Cour, et plus propre aux amours ;
Avoir ras le menton, garder la face pasle,
Le geste effeminé, l'œil d'un Sardanapale :
Si bien qu'un jour des Rois ce doubteux animal,
Sans cervelle, sans front, parut tel en son bal :
De cordons emperlez sa chevelure pleine,
Sous un bonnet sans bord faict à l'Italienne,
Faisoit deux arcs voutez ; son menton pinceté,
Son visage de blanc et de rouge empasté,
Son chef tout empoudré, nous montrerent ridée
En la place d'un Roy, une putain fardée.
Pensez quel beau spectacle, et comm' il fit bon voir
Ce Prince avec un busc, un corps de satin noir
Coupé à l'Espagnolle, où des dechiquetures
Sortoient des passemens et des blanches tireures ;
Et affin que l'habit s'entresuivist de rang,
Il montroit des manchons gauffrez de satin blanc,
D'autres manches encor qui s'estendoient fenduës,
Et puis jusques aux pieds d'autres manches perduës.
Ainsy bien emmanché, il porta tout ce jour
Cet habit monstrueux, pareil à son amour :
Si qu'au premier abord, chacun estoit en peine
S'il voioit un Roy femme ou bien un homme Royne.

Si fut-il toutesfois allaicté de poisons,
De ruzes, de conseils secrets et trahisons,
Rompu ou corrompu au trictrac des affaires,
Et eut encor enfant quelque part aux miseres.
Mais de ce mesme soing qu'autrefois il presta
Aux plus estroicts conseils où jeune il assista,
Maintenant son esprit, son ame et son courage
Cerchent un laid repos, le secret d'un village
Où le vice triplé de sa lubricité
Miserablement cache une orde volupté,
De honte de l'infame et brute vilenie
Dont il a pollué son renom et sa vie.
Si bien qu'à la royalle il vole des enfans,
Pour s'eschauffer sur eux en la fleur de leurs ans,
Incitant son amour autre que naturelle,
Aux uns par la beauté et par la grace belle,
Autres par l'entregent, autres par la valeur,
Et la vertu au vice haste ce lasche cœur :
On a des noms nouveaux et des nouvelles formes
Pour croistre et desguiser ces passe-temps enormes.
Promettre ou menacer, biens et tourmens nouveaux
Pressent, forcent après les lasches macquereaux.
 Nous avons veu cela, et avons veu encore
Un Neron marié avec son Pythagore,
Lequel aiant fini ses faveurs et ses jours,
Traîne encor au tombeau le cœur et les amours
De nostre Roy en deuil, qui, de ses aigres plaintes,
Tesmoigne ses ardeurs n'avoir pas esté feintes.

On nous faict voir encor un contract tout nouveau,
Signé du sang de d'O, son privé macquereau.
Disons, comme l'on dist à Neron l'androgame :
Que ton Père jamais n'eust connu d'autre femme !
Nous avons veu nos grands en debat, en conflict,
Accorder, reprocher telles nopces, tel lict ;
Nous avons veu nos Rois se desrober des villes,
Neron avoit comm' eux de petits Olinvilles
Où il cachoit sa honte, et eut encor comm' eux
Les Chicots en amour, les Hamons odieux :
Ils eurent de ce temps une autre Catherine ;
Mais nos Princes, au lieu de tüer Agrippine,
Massacrent l'autre mère, et la France a senti
De ses fils le couteau sur elle appesanti ;
De tous ces vipereaux, les mains luy ont ravies
Autant de jours, autant de mille chères vies :
Les Senecques chenus ont encor en ce temps,
Morts et mourans, servi aux Rois de passe-temps.
Les plus passionnez, qui ont gemi fidelles
Des vices de leurs Rois, punis de leurs bons zeles,
Ont esprouvé le siecle, où il n'est pas permis
D'ouvrir son estomach à ses privez amis,
Et où le bon ne peut, sans mort, sans repentance,
Ni penser ce qu'il void, ni dire ce qu'il pense :
On paslit rencontrant ceux qui vestent souvent
Nos sainctes passions, pour les produire au vent.
Les Latiares feints, suppôts de tyrannie,
Qui, cerchant des Sabins la justice et la vie,

Prennent masque du vrai, et, fardez d'equité,
Au veritable font crime de verité.
Pour vivre, il faut fuir de son peché la veuë,
Fuir l'œil inconnu et l'oreille inconnüe :
Que di-je, pour parler, on regarde trois fois
Les arbres sans oreill' et les pierres sans voix ;
Si bien que de nos maux la complainte abolie
Eust d'un siecle estouffé caché la tyrannie.
Qui eust peu la memoire avec la voix lier,
A taire nous forçant, nous forcer d'oublier.
Tel fut le second fils, qui n'herita du pere
Le cœur, mais les poisons et l'ame de la mere.
 Le tiers par elle fut nourri en faineant,
Bien fin, et non prudent, et voulut, l'enseignant
(Pour servir à son jeu), luy ordonner pour maistre
Un sodomite athée, un macquereau, un traistre.
 La discorde coupa le concert des mignons.
Et le vice croissant entre les compagnons
Brisa l'orde amitié, mesme par les ordures,
Et l'impure union par les choses impures ;
Il s'enfuit depité, son vice avec luy court :
Car il ne laissa pas ses crimes a la cour.
Il coloroit ses pas d'astuce non pareille,
Changea de lustre ainsy que jadis la corneille
Pour hanter les pigeons, le faict fut avoüé
Par la confession du gosier enroüé ;
On luy remplit la gorge, et le Sinon infame
Fut mené par le poing, triomphe de sa femme,

Que la mere tira d'entre tous les gluaux
Qu'elle a pour à sa cage arrester les oiseaux :
Ceux qu'il avoit trouvez à son mal secourables,
Et pour luy, et par luy, devindrent miserables ;
Sa foy s'envole au vent, mais il feignit après,
Ce qu'il faisoit forcé, l'avoir commis exprès.
C'est pource qu'en ce temps c'est plus de honte d'estre
Mal advisé qu'ingrat, mal-prevoiant que traistre,
Abusé qu'abuseur : bien plus est odieux
Le simple vertueux qu'un double vicieux ;
Le souffrir est bien plus que de faire l'injure.
Ce n'est qu'un coup d'Estat que d'estre bien parjure
Ainsy en peu de temps ce lasche fut commis,
Valet de ses haineux, bourreau de ses amis.
Sa ruse l'a trompé, quand elle fut trompée ;
Il vit sur qui, pour qui il tournoit son espée ;
Son inutile nom devint son parement,
Comme si c'eust esté quelque blanc vestement.
Ils trempèrent au sang sa grand robbe ducale
Et la mirent sur luy, du meurtre toute sale.
Quand ils eurent taché la serve authorité
De leur esclave chef du nom de cruauté,
Il tombe en leur mespris ; à nous il fut horrible
Quand r'appeller sa foi il luy fut impossible.
Il fuit encore un coup, car les lievres craintifs
Ont debat pour le nom de legers fugitifs.
Nos Princes des renards envient la finesse
Et ne debattent point aux lions de proüesse.

Il y avoit long temps que dans les Païs-Bas
Deux partis, harassez de ruineux combats,
Halletoient les abois de leur force mi-morte ;
Cestuy-cy print parti, presqu'en la mesme sorte
Que le loup embusqué combattant de ses yeux
L'effort de deux taureaux dont le choc furieux
Verse dans un chemin le sang et les entrailles.
Le poltron les regarde, et de ces deux batailles
Se faict une victoire, arrivant au combat,
Quand la mort a vaincu la mort et le debat.
Ainsy quelque advisé reveilla ceste beste,
D'un desespoir senti luy mit l'espoir en teste,
Mais quel espoir ? encor un rien au prix du bien,
Un rien qui trouve lustre en ce siecle de rien.
On le pousse, on le traîne aux inutiles ruzes ;
Il trame mille accords, mariages, excuses ;
Il trompe, il est trompé, il se repend souvent,
Et ce cerveau venteux est le joüet du vent,
Ce vipere eschauffé porte la mort traistresse
Dedans le sein ami : mais quand le sein le presse,
Le trahy fut vainqueur, et le traistre pervers
Demeure fugitif, banni de son Anvers.
 Non, la palme n'est point contenance des membres
De ceux qui ont brouillé les premiers de leurs chambres,
Pour loing d'eux en secret du venin s'engorger,
Caresser un Bathille, en son lict l'heberger,
N'aiant, muet tesmoing de ses noires ordures,
Que les impures nuicts et les couches impures,

Les trois en mesme lieu ont à l'envy porté
La premiere moisson de leur lubricité ;
Des deux derniers après, la chaleur aveuglée
A sans honte herité l'inceste redoublée,
Dont les projects ouverts, les desirs comme beaux
Font voleter l'erreur de ces crimes nouveaux
Sur les aisles du vent ; leurs poëtes volages
Arborent ces couleurs comme des païsages ;
Leur soupper s'entretient de leurs ordes amours,
Les macquereaux enflez y vantent leurs beaux tours
Le vice, possedant pour eschaffaut leur table,
Y dechire à plaisir la vertu desirable.
Si depuis quelque temps les plus subtils esprits
A desguiser le mal ont finement appris
A nos princes fardez la trompeuse maniere
De revestir le Diable en Ange de lumiere,
Encor qu'à leur repas ils fassent disputer
De la vertu que nul n'oseroit imiter,
Qu'ils recherchent le dos des affectés poëtes,
Quelques Sedecias, aggreables prophetes :
Le boutte-feu de Rome en a bien faict ainsy,
Car il païoit mieux qu'eux, mieux qu'eux avoit soucy
D'assembler, de cercher les esprits plus habiles,
Loüer, recompenser leurs rencontres gentilles,
Et les graves discours des sages amassez,
Loüez et contre-faicts il a recompensez.
L'arsenic ensucré de leurs belles parolles,
Leur sein meurtry de poing aux pieds de leurs idolles,

Les ordres inventez, les chants, les hurlements
Des fols capuchonnez, les nouveaux regiments
Qui en processions sottement desguisées
Aux villes et aux champs vont semer de risées
L'austerité des vœux et des fraternitez,
Tout cela n'a caché nos rudes veritez.
Tous ces desguisemens sont vaines mascarades
Qui aux portes d'enfer presentent leurs aubades,
Ribauds de la paillarde ou affaictez valets
Qui de processions luy donnent des balets :
Les uns, mignons muguets, se parent et font braves
De clincant et d'or traict; les autres, vils esclaves,
Fagottés d'une corde et pasles marmiteux,
Vont pieds nuds par la rüe abuser les piteux,
Ont pour masque le froc, pour vestement des poches,
Pour cadence leurs pas, pour violons des cloches,
Pour vers la letanie; un advocat nommé
A chaque pas rend Christ, chaque fois, diffamé.
 Aigle né dans le haut des plus superbes aires,
Ou bien œuf supposé, puis que tu degeneres,
Degenéré Henry, hyppocrite bigot,
Qui aimes moins joüer le Roy que le cagot,
Tu vole un faux gibier, de ton droict tu t'esloigne.
Ces courbeaux se paistront un jour de ta charongne,
Dieu tirera par eux : ainsy le faulconnier,
Quand l'oiseau trop de fois a quitté son gibier,
Le bat d'une corneille, et la foule à sa veüe,
Puis d'elle (s'il ne peut le corriger), le tüe.

Tes prestres par la rüe à grand troupes conduicts
N'ont pourtant peû celer l'ordure de tes nuicts :
Les crimes plus obscurs n'ont pourtant peû se faire
Qu'ils n'esclattent en l'air aux bouches du vulgaire :
Des citoyens oisifs l'ordinaire discours
Est de solenniser les vices de nos cours :
L'un conte les amours de nos salles princesses,
Garces, de leurs valets autrefois les maistresses.
Tel fut le beau Senat des trois, et des deux sœurs,
Qui jouoient en commun leurs gens et leurs faveurs,
Trocquoient leurs estallons, estimoient à louange
Le plaisir descouvert, l'amour libre et le change :
Une autre, n'aiant peu se saouler de François,
Se coule à la minuict au lict des Escossois,
Le tison qui l'esveille, et l'embrase et la tüe
Lui faict pour le plaisir mespriser bruict et veüe :
Les jeunes gens, la nuict, pipez et enlevez
Du lict au cabinet, las et recreus trouvez :
Nos Princesses, non moins ardentes que rusées,
Osent dans les bourdeaux s'exposer desguisées :
Soubs le chappron quarré vont recevoir le prix
Des garces du Hulleu, et portent aux maris,
Sur le chevet sacré de leur sainct mariage,
La senteur des bourdeaux, et quelque pire gage,
Elles esprouvent tout : on le void, on le dit,
Cela leur donne vogue et hausse leur credit :
Les filles de la cour sont galantes honnestes,
Qui se font bien servir, moins chastes, plus secrettes,

Qui savent le mieux feindre un mal pour accoucher ;
On blasme celle-là qui n'a pas sçeu cacher :
Du Louvre les retraicts sont hideux cimetieres
D'enfants, vuidez, tüez par les Apotiquaires :
Nos filles ont bien sçeu quelles receptes font
Massacre, dans leur flanc, des enfans qu'elles ont.
 Je sens les froids tressauts de fraïeur et de honte,
Quand sans crainte tout haut le fol vulgaire conte
D'un coche qui, courant Paris à la minuict,
Vole une sage femme, et la bande et conduit
Prendre, tüer l'enfant d'une royne masquée,
D'une brutalité pour jamais remarquée,
Que je ne puis conter, croiant, comme François,
Que le peuple abusé envenime ses voix
De monstres inconnus : de la vie entamée
S'enfle la puanteur comme la renommée :
Mais je croy bien aussy que les plus noirs forfaicts
Sont plus secretement et en tenebres faicts :
Quand on montre celuy qui, en voulant attendre
Sa dame au galatas, fut pris en pensant prendre,
Et puis, pour appaiser, et demeurer amis,
Le violeur souffrit ce qu'il avait commis.
 Quand j'oy qu'un roy transy, effraié du tonnerre,
Se couvre d'une voute et se cache soubs terre.
S'embusque de lauriers, faict les cloches sonner :
Son peché poursuivi, poursuit de l'estonner.
Il use d'eau lustrale, il la boit, la consomme
En clysteres infects; il fait venir de Rome

Les cierges, les Agnus que le Pape fournit.
Bousche tous ses conduits d'un charmé grain bénit;
Quand je voy composer une messe complette,
Pour repousser le ciel, inutile amulette;
Quand la peur n'a cessé, par les signes de croix,
Le brayer de Massé, ni le froc de François,
Tels spectres inconnus font confesser le reste.
Le péché de Sodome et le sanglant inceste
Sont reproches joyeux de nos impures cours.
   Triste je trancheray ce tragicque discours
Pour laisser aux pasquils ces effroyables contes,
Honteuses veritez, trop veritables hontes.
   Plustot peut on conter dans les bords escumeux
De l'Ocean chenu le sable, et tous les feux
Qu'en paisible minuict le clair ciel nous attize,
L'air estant ballié des froids souspirs de bize;
Plustot peut on conter du printemps les couleurs,
Les fueilles des forests, de la terre les fleurs,
Que les infections qui tirent sur nos testes
Du ciel armé, noirci, les meurtrières tempestes.
Qu'on doute des secrets, nos yeux ont veu comment
Ces hommes vont bravant des femmes l'ornement,
Les putains de couleurs, les pucelles de gestes;
Plus de frisons tordus des-honorent les testes
De nos mignons parez, plus de fard sur leurs teincts
Que ne voudroient porter les honteuses putains :
On invente tousjours quelque traict plus habile
Pour effacer du front quelque marque virile;

Envieux de la femme, on trace, on vient souiller,
Tout ce qui est humain, qu'on ne peut despouiller.
Les cœurs des vertueux à ces regards transissent,
Les vieillards advisez en leur secret gémissent.
Des femmes les mestiers quittez et mesprisez
Se font pour parvenir des hommes desguisez.
On dit qu'il faut couler les execrables choses
Dans le puits de l'oubly et au sepulchre encloses,
Et que par les escrits le mal resuscité
Infectera les mœurs de la postérité :
Mais le vice n'a point pour mere la science,
Et la vertu n'est point fille de l'ignorance.
Elle est le chaud fumier sans qui les ords pechez
S'engraissent en croissant, s'ils ne sont arrachez,
Et l'acier des vertus mesme intellectuelles
Tranche et destruit l'erreur et l'histoire par elles.
Mieux vaut à descouvert monstrer l'infection
Avec sa puanteur, et sa punition.
Le bon père affriquain sagement nous enseigne
Qu'il faut que les Tyrans de tout poinct on depeigne,
Montrer combien impurs sont ceux-là qui de Dieu
Condamnent la famille au couteau et au feu.
 Au fil de ces fureurs ma fureur se consume,
Je laisse ce subject, ma main quitte la plume,
Mon cœur s'estonne en soy ; mon sourcil refrongné,
L'esprit de son subject se retire eslongné :
Icy je vay laver ce papier de mes larmes ;
Si vous prestez vos yeux au reste de mes carmes,

Ayez encor de moy ce tableau plein de fleurs,
Qui sur un vray subject s'esgaie en ses couleurs.
 Un pere deux fois pere employa sa substance
Pour enrichir son fils des thresors de science;
En couronnant ses jours de ce dernier dessein,
Joyeux il espuisa ses coffres et son sein,
Son avoir et son sang : sa peine fut suivie
D'heur a parachever le present de la vie.
Il voit son fils sçavant, adroict, industrieux,
 Meslé dans les secrets de nature et des cieux,
Raisonnant sur les loix, les mœurs et la police ;
L'esprit sçavoit tout art, le corps tout exercice.
Ce vieil François, conduit par une antique loy,
Consacra cette peine et son fils à son roy ;
L'equippe; il vient en cour : là cette ame nouvelle,
Des vices monstrueux ignorante pucelle,
Void force hommes bien-faicts, bien morgans, bien vestus;
Il pense estre arrivé a la foire aux vertus ;
Prend les occasions qui sembloient les plus belles
Pour estaller premier ses intellectuelles :
Se laisse convier, se conduisant ainsy
Pour n'estre ni entrant, ni retenu aussy.
Tousjours respectueux, sans se faire de feste :
Il contente celuy qui l'attaque et l'arreste,
Il ne trouve auditeurs qu'ignorants envieux,
Diffamans le sçavoir des noms ingenieux.
S'il trousse l'epigramme ou la stance bien faicte,
Le voilà descouvert, c'est faict, c'est un poëte;

Les Tragiques.

S'il dict un mot salé, il est bouffon, badin ;
S'il danse un peu trop bien, saltarin, baladin ;
S'il a trop bon fleuret, escrimeur il s'appelle ;
S'il prend l'air d'un cheval, c'est un saltain-bardelle ;
Si avec art il chante, il est un musicien ;
Philosophe, s'il presse un bon logicien ;
S'il frappe là dessus et en met un par terre,
C'est un fendant qu'il faut saller apres la guerre :
Mais si on sçait qu'un jour, a part, en quelque lieu
Il mette genouil bas, c'est un prieur de Dieu.
 Cet esprit offencé dedans soy se retire,
Et comme en quelque coing se cachant il souspire,
Voicy un gros amas, qui emplit jusqu'au tiers
Le Louvre de soldats, de braves chevaliers
De noblesse parée : au millieu de la nüe
Marche un duc, dont la face au jeune homme inconnüe,
Le renvoye au conseil d'un page traversant,
Pour demander le nom de ce prince passant ;
Le nom ne le contente, il pense, il s'esmerveille,
Tel mot n'estoit jamais entré en son oreille ;
Puis cet estonnement soudain fut redoublé
Alors qu'il vit le Louvre aussy tost depeuplé
Par le sortir d'un autre au beau millieu de l'onde
De seigneurs l'adorant comm' un roy de ce monde.
Nostre nouveau venu s'accoste d'un vieillard,
Et pour en prendre langue il le tire à l'escart :
Là il apprit le nom dont l'histoire de France
Ne luy avoit donné ne vent, ne connoissance.

Ce courtisan grison, s'esmerveillant de quoy
Quelqu'un mesconnoissoit les mignons de son Roy,
Raconte leurs grandeurs, comment la France entière,
Escabeau de leurs pieds, leur estoit tributaire.
A l'enfant, qui disoit : « Sont-ils grands terriens,
Que leur nom est sans nom pour les historiens ? »
Il respond : « Rien du tout, ils sont mignons du prince.
— Ont-ils sur l'Espagnol conquis quelque province ?
Ont-ils par leur conseil relevé un malheur,
Delivré leur païs par extrême valeur ?
Ont-ils sauvé le Roy, commandé quelque armée,
Et par elle gaigné quelq'heureuse journée ? »
A tout fut respondu : « Mon jeune homme, je croy
Que vous estes bien neuf : ce sont mignons du Roy. »
Ce mauvais courtisan, guidé par la colere,
Gaigne logis et lict ; tout vient à lui desplaire,
Et repas, et repos ; cet esprit transporté
Des visions du jour par idée infecté,
Void dans une lueur sombre, jaunastre et brune,
Soubs l'habit d'un rezeul, l'image de Fortune,
Qui entre à la minuict, conduisant des deux mains
Deux enfans nuds bandez ; de ces freres germains
L'un se peint fort souvent, l'autre ne se void guere,
Pource qu'il a les yeux et le cœur par derriere :
La bravache s'avance, envoie brusquement
Les rideaux ; elle accolle et baise follement
Le visage effrayé. Ces deux enfans estranges,
Sautez dessus le lict, peignent des doigts les franges.

Alors Fortune, mere aux estranges amours,
Courbant son chef paré de perles et d'atours,
Desploie tout d'un coup mignardises et langue,
Faict de baisers les poincts d'une telle harangue :
 « Mon fils, qui m'as esté desrobé du berceau,
Pauvre enfant mal nourry, innocent jouvenceau,
Tu tiens de moy, ta mere, un assez haut courage,
Et j'ay veu aujourd'huy aux feux de ton visage
Que le dormir n'auroit pris ni cœur ni esprits
En la nuict qui suivra le jour de ton mespris.
Embrasse, mon enfant, mal nourry par ton pere,
Le col et les desseins de Fortune ta mere ;
Comment, mal conseillé, pippé, trahy, suis-tu
Par chemin espineux la sterile Vertu ?
Cette sotte par qui me vaincre tu essaies
N'eut jamais pour loyer que les pleurs et les plaies,
De l'esprit et du corps les assidus tourments,
L'envie, les soupçons et les bannissements.
Qui pis est, le desdain : car sa trompeuse attente
D'un vain espoir d'honneur la vanité contente.
De la pauvre Vertu l'orage n'a de port
Qu'un havre tout vaseux d'une honteuse mort.
Es-tu point envieux de ces grandeurs romaines?
Leurs rigoureuses mains tournerent par mes peines
Dedans leur sein vaincu leur fer victorieux.
Je t'espiois ces jours lisant, si curieux,
 La mort du grand Senecque et celle de Thrasée,
Je lisois par tes yeux en ton ame embrazée

Que tu enviois plus Senecque que Neron,
Plus mourir en Caton que vivre en Ciceron,
Tu estimois la mort en liberté plus chere
Que tirer en servant une haleine precaire.
Ces termes specieux sont tels que tu concluds
Au plaisir de bien estre, ou bien de n'estre plus.
Or, sans te surcharger de voir les morts et vies
Des anciens qui faisoient gloire de leurs folies,
Que ne vois-tu ton siecle, ou n'apprehendes-tu
Les succès des enfants aisnés de la Vertu ?
Ce Bourbon qui, blessé, se renfonce en la presse,
Tost assommé, trainé sur le dos d'une asnesse ;
L'admiral, pour jamais sans surnom trop connu,
Meurtri, precipité, trainé, mutilé, nud ;
La fange fut sa voye au triomphe sacrée,
Sa couronne un collier, Mont-Faulcon son trophée,
Void sa suitte aux cordeaux, à la roue, aux posteaux,
Les plus heureux d'entre eux quitte pour les couteaux,
De ta Dame loyers, qui paye, contemptible,
De rude mort la vie hazardeuse et penible :
Lis, curieux, l'histoire, en ne donnant point lieu,
Parmy ton jugement, au jugement de Dieu.
Tu verras ces vaillans, en leurs vertus extremes,
Avoir vescu gehennez, et estre morts de mesmes.
« Encor, pour l'advenir, te puis-je faire voir
Par l'aide des demons, au magicien miroir,
Tels loyers receus ; mais ta tendre conscience
Te faict jetter au loing cette brave science ;

Tu verrois des valeurs le bel or monnoyé
Dont bien tost se verra le Parmesan payé
En la façon que fut salarié Gonzalve,
Le brave duc d'Austrie et l'enragé duc d'Alve.
Je voys un prince anglois, courageux par excez,
A qui l'amour quitté faict un rude procez ;
Licols, poisons, couteaux, qui payent en Savoye
Les prompts executeurs ; je voy cette monnoye
En France avoir son cours ; je voy lances, escus,
Cœurs et nom des vainqueurs soubs les pieds des vaincus.
O de trop de merite impiteuse memoire !
Je voy les trois plus hauts instrumens de victoire,
L'un à qui la colere a pu donner la mort,
L'autre sur l'eschaffaut, et le tiers sur le bord.
 « Jette l'œil droict ailleurs, regarde l'autre bande,
En large et beau chemin plus splendide et plus grande ;
Au sortir des berceaux ce prosperant troupeau
A bien tasté des arts, mais n'en prit que la peau,
Eut pour borne ce mot : Assez pour gentilhomme.
Pour sembler vertueux en peinture, ou bien comme
Un singe porte en soy quelque chose d'humain,
Aux gestes, au visage, aux pieds et à la main.
Ceux-là blasment toujours les affligés, les fuient,
Flattent les prosperants, s'en servent, s'en appuyent.
Ils ont veu des dangers assez pour en conter,
Ils en content autant qu'il faut pour se vanter ;
Lisants, ils ont pillé les poinctes pour escrire ;
Ils sçavent, en jugeant, admirer ou sousrire,

Louer tout froidement, si ce n'est pour du pain;
Renier son salut quand il y a du gain,
Barbets des favoris, premiers à les connoistre.
Singes des estimez, bon eschos de leur maistre :
Voilà à quel sçavoir il te faut limiter,
Que ton esprit ne puisse un Juppin irriter :
Il n'aime pas son juge, il le frappe en son ire;
Mais il est amoureux de celuy qui l'admire.
Il reste que le corps, comme l'accoustrement,
Soit aux lois de la cour, marcher mignonnement,
Trainer les pieds, mener les bras, hocher la teste,
Pour branler à propos d'un pennache la crette,
Garnir et bas et haut de roses et de nœuds,
Les dents de muscadins, de poudre les cheveux;
Fay-toy dedans la foule une importune voye,
Te montre ardent à voir affin que l'on te voye,
Lance regardz tranchants pour estre regardé,
Le teint de blanc d'Espagne et de rouge fardé;
Que la main, que le sein y prennent leur partage;
Couvre d'un parasol en esté ton visage,
Jette, comme effrayé, en femme quelque cris,
Mesprise ton effroy par un traistre sousris,
Fay le begue, le las, d'une voix molle et claire,
Ouvre ta languissante et pesante paupiere;
Sois pensif, retenu, froid, secret et finet :
Voilà pour devenir garce du Cabinet,
A la porte duquel laisse Dieu, cœur et honte,
Ou je travaille en vain en te faisant ce conte.

Mais quand ton fard sera par le temps decelé,
Tu auras l'œil rougi, le crane sec, pelé.
Ni sois point affranchy par les ans du service,
Ni du joug qu'avoit mis sur ta teste le vice;
Il faut estre garçon pour le moins par les vœux,
Qu'il n'y ait rien en toi de blanc que les cheveux.
Quelque jour tu verras un chauve, un vieux eunuque,
Faire porter en cour aux hommes la perruque;
La saison sera morte à toutes ces valeurs,
Un servile courage infectera les cœurs;
La morgue fera tout, tout se fera pour l'aise,
Le hausse-col sera changé en portefraise.
 « Je reviens à ce siecle, où nos mignons vieillis,
A leur dernier mestier vouez et accueillis,
Pippent les jeunes gens, les gaignent, les courtisent.
Eux, autrefois produits, à la fin les produisent,
Faisans, plus advisez, moins glorieux que toy,
Par le cul d'un coquin chemin au cœur d'un Roy. »
 Ce fut assez, c'est là que rompit patience
La Vertu, qui, de l'huis, escoutoit la science
De Fortune : si tost n'eut sonné le loquet,
Que la folle perdit l'audace et le caquet.
Elle avoit apporté une clarté de lune,
Voicy autre clarté que celle de Fortune.
Voicy un beau soleil, qui de rayons dorez
De la chambre et du lict vid les coings honorez :
La Vertu paroissant en matrosne vestüe,
La mere et les enfants ne l'eurent si tost veüe

Que chacun d'eux changea en Demon decevant,
De Demon en fumée, et de fumée en vent,
Et puis de vent en rien. Cette hostesse derniere
Prit au chevet du lict pour sa place une chaire,
Saisit la main tremblante à son enfant transy,
Par un chaste baiser l'asseure, et dit ainsy :
« Mon fils, n'attends de moy la pompeuse harangue
De la fausse Fortune, aussy peu que ma langue
Fascine ton oreille, et mes presents tes yeux.
Je n'esclatte d'honneur ni de dons précieux ;
Je foule ces beautez desquelles Fortune use
Pour ravir par les yeux une ame qu'elle abuse :
Ce lustre de couleur est l'esmail qui s'espand
Au ventre, et à la gorge, et au dos du serpent.
Tire ton pied des fleurs soubs lesquelles se cœuvre,
Et avec soy la mort, la glissante couleuvre.
Reçois, pour faire choix des fleurs et des couleurs,
Ce qu'à traicts raccourcis je diray pour tes mœurs.
 « Sois continent, mon fils, et circoncis, pour l'estre,
Tout superflu de toy, sois de tes vouloirs maistre,
Serre-les à l'estroict, reigle au bien tes plaisirs.
Octroye à la nature, et refuse aux desirs ;
Qu'elle, et non ta fureur, soit ta loy, soit ta guide,
Que la concupiscence en reçoive une bride :
Fuy les mignardes mœurs, et cette liberté
Qui, fausse, va cachant au sein la volupté.
Tiens pour crime l'excès ; sobre et prudent, eslogne
Du gourmand le manger, et du boire l'yvrogne ;

Hay le mortel loisir, tiens le labeur plaisant;
Que Satan ne t'empongne un jour en rien faisant.
Use sans abuser des delices plaisantes,
Sans cercher, curieux, les cheres et pesantes.
Ne mesprise laissé, va pour vivre au repas,
Mais que la volupté ne t'y appelle pas.
Ton palais, convié pour l'appétit, demande,
Non les morceaux fardés, mais la simple viande.
Le prix de tes desirs soit commun et petit,
Pour faire taire et non aiguiser l'appetit.
Par ces degrez le corps s'apprend et s'achemine
Au goust de son esprit, nourriture divine.
N'affecte d'habiter les superbes maisons,
Mais bien d'estre à couvert aux changeantes saisons;
Que ta demeure soit plus tot saine que belle,
Qu'elle ait renom par toy, et non pas toy par elle.
Mesprise un titre vain, les honneurs superflus.
Retire-toy dans toy; parois moins, et sois plus.
Prends pour ta pauvreté seulement cette peine,
Qu'elle ne soit pas salle, et l'espargne vilaine.
Garanty du mespris ta saincte probité,
Et ta lente douceur du nom de lascheté.
Que ton peu soit aisé; ne pleure point tes peines;
Ne sois admirateur des richesses prochaines.
Hay et connois le vice avant qu'il soit venu,
Crains-toy plus que nul autre ennemi inconnu.
N'aime les saletés soubs couleur d'un bon conte :
Elles te font sousrire, et non sentir la honte;

Oy plus tot le discours utile que plaisant.
Tu pourras bien mesler les jeux en devisant.
Sauve ta dignité, mais que ton ris ne sente
Ni le fat, ni l'enfant, ni la garce puante.
Tes bons mots n'aient rien de bouffon effronté.
Tes jeux soyent sans fisson, pleins de civilité,
Affin que sans blesser tu plaises et tu ries.
Distingue le moquer d'avec les railleries.
Ta voix soit sans esclat, ton cheminer sans bruit,
Que mesmes ton repos enfante quelque fruict.
Evite le flatteur, et chasse comme estrange
La loüange de ceux qui n'ont acquis loüange.
Ris-toy quand les meschants t'auront à contrecœur ;
Tiens leur honneur à blasme, et leur blasme à honneur.
Sois grave sans orgueil, ni contraint en ta grace ;
Sois humble, non abject, resolu sans audace.
Si le bon te reprend, que ses coups te soient doux,
Et soient dessus ton chef comme baume secoux :
Car qui reprend au vrai est un utile maistre,
Sinon il a voulu et essayé de l'estre.
Tire mesme profit et des roses parmy
Les picquons outrageux d'un menteur ennemy.
Fais l'espion sur toy plus tot que sur tes proches,
Reprends le défaillant sans fiel et sans reproches.
Par ton exemple instruis ta femme à son debvoir,
Ne luy donnant soupçon, pour ne le recevoir.
Laisse-lui juste part du soing de la famille.
Cache tes gayetez et ton ris à ta fille ;

Ne te sers de la verge, et ne l'emploie point,
Que ton courroux ne soit appaisé de tout poinct.
Sois au prince, à l'ami et au serviteur comme
Tel qu'à l'ange, à toy-mesme, et tel qu'on doit à l'homme
Ce que tu as sur toy, aux costez, au-dessoubs,
Te trouve bien servant, chaud amy, seigneur doux.
De ces traicts generaux maintenant je m'explicque
Et à ton estre à part ma doctrine s'applicque.
« J'ay voulu pour ta preuve un jour te despouiller,
Voir sur ton sein les morts et siffler et grouiller :
Sur toy, race du ciel, ont esté inutilles
Les fissons des aspics, comme dessus les psylles.
Le Ciel faict ainsy choix des siens qui, saincts et forts,
Sont à preuve du vice et triomphent des morts.
Psylle bien approuvé, lève plus haut ta veüe,
Je veux faire voler ton esprit sur la nüe,
Que tu voie la terre en ce point que la vid
Scipion, quand l'amour de mon nom le ravit ;
Ou mieux, d'où Colligny se rioit de la foulle
Qui de son tronc roullé se jouoit à la boulle,
Parmy ses hauts plaisirs, que mesme en lieu si doux
De tout ce qu'il voioit il n'entroit en courroux.
Un jeu luy fut des rois la sotte perfidie,
Comicque le succes de la grand tragedie.
Il vid plus, sans colere, un de ses enfants chers,
Degeneré, lecher les pieds de ses bouchers.
Là ne s'estime rien des regnes l'excellence,
Le monde n'est qu'un poix, un atome la France ;

C'est là que mes enfants dirigent tous leurs pas
Dès l'heure de leur naistre à celle du trespas,
Pas qui foullent soubs eux les beautez de la terre,
Cueillans les vrais honneurs et de paix et de guerre,
Honneur au poinct duquel un chacun se deçoit ;
On perd bientost celuy qu'aisement on reçoit,
La gloire qu'autruy donne est par autruy ravie ;
Celle qu'on prend de soy vit plus loing que la vie.
Cerche l'honneur, mais non celuy de ces mignons,
Qui ne mordent au loup, bien sur leurs compagnons.
Qu'ils prennent le duvet, toy la dure et la peine ;
Eux le nom de mignons, et toy de capitaine ;
Eux le musc, tu auras de la mesche le feu ;
Eux les jeux, tu auras la guerre pour ton jeu.
Prenne donc ton courage à propos la carriere,
Et que l'honneur qui faict que tu chasses arriere
La lie du bas peuple, et l'infame bourbier
Soit la gloire de prince, et non pas de barbier :
Car c'est l'humilité qui à la gloire monte,
Le faux honneur acquiert la véritable honte.
Sache qu'à trop monter, trop bas descendre faut,
Et que se tenir bas faict monter au plus haut.
Ne porte envie à ceux de qui l'estat ressemble
A un tiede fiebvreux qui ne süe et ne tremble.
Les pestes de nos corps s'eschauffent en esté,
Et celles des esprits en la prosperité ;
L'hyver guerit de l'air les mortelles malices,
La saine affliction nous purge de nos vices.

Cerche la faim, la soif, les glaces et le chaud,
La sueur et les coups; ayme-les, car il faut,
Ou que tes jeunes ans soient l'heur de ta vieillesse,
Ou que tes cheveux blancs maudissent ta jeunesse.
Puis que ton cœur royal veut s'asservir aux roys,
Va suivre les labeurs du prince navarrois,
Et là tu trouveras mon logis chez Anange,
Anange que je suis et (que c'est chose estrange)
Là où elle n'est plus, aussy tost je ne suis:
Je l'aime en la chassant, la tuant je la suis:
Là où elle prend pié la pauvrette m'appelle;
Je ne puis m'arrester ni sans ni avec elle:
Je crains bien que, l'aiant bannie de ce Roy,
Tu n'i pourras plus voir bien tost elle ni moy.
Là tu imiteras ces eslevez courages
Qui cerchent les combats au travers des naufrages:
Là est le choix des cœurs et celuy des esprits:
Là moy-mesme je suis de moy mesme le prix.
Bref, là tu trouveras par la perseverance
Le repos au labeur, au peril l'asseurance.
Va, bien-heureux, je suis ton conseil, ton secours,
J'offence ton courage avec si long discours. »

    Que je vous plains, esprits qui, au vice contraires,
Endurez de ces cours les sejours necessaires:
Heureux si, non infects en ces infections,
Roy de vous, vous regnez sur vos affections.
Mais, quoy que vous pensez gaigner plus de louange
De sortir impollus hors d'une noire fange,

Sans taches hors du sang, hors du feu sans brusler,
Que d'un lieu non souillé sortir sans vous souiller,
Pourtant il vous seroit plus beau en toutes sortes
D'estre les gardiens des magnificques portes
De ce temple eternel de la maison de Dieu,
Qu'entre les ennemis tenir le premier lieu ;
Plustost porter la croix, les cloux et les injures,
Que des ords cabinets les clefs à vos ceintures :
Car Dieu pleut sur les bons et sur les vicieux ;
Dieu frappe les meschants et les bons parmy eux.

 Fuyez, Loths, de Sodome et Gomorre bruslantes ;
N'ensevelissez point vos ames innocentes
Avec ces reprouvez : car combien que vos yeux
Ne froncent le sourcil encontre les hauts cieux,
Combien qu'avec les rois vous ne hochiez la teste
Contre le ciel esmeu, armé de la tempeste,
Pource que des tyrans le support vous tirez,
Pource qu'ils sont de vous comme dieux adorez,
Lors qu'ils veullent au pauvre et au juste mesfaire,
Vous estes compagnons du mesfaict pour vous taire.
Lorsque le fils de Dieu, vengeur de son mespris,
Viendra pour vendenger de ces rois les esprits,
De sa verge de fer brisant, espouvantable,
Ces petits dieux enflez en la terre habitable,
Vous y serez compris. Comme, lorsque l'esclat
D'un foudre exterminant vient renverser à plat
Les chesnes resistans et les cèdres superbes,
Vous verrez là dessoubs les plus petittes herbes,

La fleur qui craint le vent, le naissant arbrisseau,
En son nid l'escurieu, en son aire l'oyseau,
Soubs ce daix qui changeoit les gresles en rosées,
La bauge du sanglier, du cerf la reposée,
La ruche de l'abeille et la loge au berger,
Avoir eu part à l'ombre, avoir part au danger.

LA CHAMBRE DORÉE

LIVRE TROISIÈME

LA CHAMBRE DORÉE

Au palais flamboiant du haut ciel empirée
Reluit l'Eternité en presence adorée
Par les anges heureux : trois fois trois rangs de vent
Puissance du haut ciel, y assistent servants.
Les sainctes legions, sur leurs pieds toutes prestes,
Levent aux pieds de Dieu leurs precieuses testes,
Sous un grand pavillon d'un grand arc de couleurs,
Au moindre clin de l'œil du Seigneur des Seigneurs,
Ils partent de la main : ce troupeau sacré vole
Comme vent descoché au vent de la parolle,
Soit pour estre des sainćts les bergers curieux,
Les preserver du mal, se camper autour d'eux,

Leur servir de flambeaux en la nuict plus obscure,
Les defendre d'injure, et destourner l'injure
Sur le chef des tyrans : soit pour, d'un bras armé,
Desploier du grand Dieu le courroux animé.
D'un coutelas ondé, d'une main juste et forte,
L'un defend aux pecheurs du Paradis la porte ;
Un autre fend la mer ; par l'autre sont chargez
Les pauvres de thresors, d'aise les affligez,
De gloire les honteux, l'ignorant de science,
L'abbattu de secours, le transy d'esperance ;
Quelqu'autre va trouver un monarque en tout lieu,
Bardé de mille fers, et, au nom du grand Dieu,
Assuré, l'espouvante ; eslevé, l'extermine ;
Le faict vif devorer à la sale vermine.
L'un veille un regne entier, une ville, un chasteau,
Une personne seule, un pasteur, un troupeau.
Gardes particuliers de la troupe fidelle,
De la maison de Dieu ils sentent le vray zele,
Portent dedans le ciel les larmes, les souspirs
Et les gemissements des bien heureux martyrs.

  A ce trosne de gloire arriva gemissante
La Justice fuitive, en sueurs, pantelante,
Meurtrie et dechirée aux yeux serains de Dieu,
Les Anges retirez luy aiant donné lieu.
La pauvrette, couvrant sa face desolée,
De ses cheveux trempés faisoit, eschevelée,
Un voile entre elle et Dieu ; puis, soupirant trois fois,
Elle pousse avec peine et à genoux ces voix :

« Du plus bas de la terre et du profond du vice,
Vers toy j'ay mon recours, te voicy ; ta Justice,
Que, sage, tu choisis pour le droict enseigner,
Que royne tu avois transmise pour regner,
La voicy à tes pieds en piece deschirée.
Les humains ont meurtry sa face reverée :
Tu avois en sa main mis le glaive trenchant
Qui aujourd'huy forcene en celle du meschant.
Remets, ô Dieu ! ta fille en ton propre heritage,
Le bon sente le bien, le meschant son ouvrage :
L'un reçoive le prix, l'autre le chastiment,
Affin que devant toy chemine droictement
La terre cy-après : baisse en elle ta face,
Et par le poing me loge en ma première place. »
  A ces mots intervient la blanche Pieté,
Qui de la terre ronde au haut du ciel vouté
En courroux s'envola ; de ses luisantes aisles
Elle accrut la lueur des voutes eternelles :
Ses yeux estincelloient de feu et de courroux.
Elle s'avance à coup, elle tombe à genoux,
Et le juste despit qui sa belle ame affolle
Luy fit dire beaucoup en ce peu de parolle :
  «. La terre est-elle pas ouvrage de ta main?
Elle se mesconnoist contre son souverain :
La felonne blaspheme, et l'aveugle insolente
S'endurcit et ne ploie à sa force puissante.
Tu la fis pour ta gloire, à ta gloire deffaicts
Celle qui m'a chassé. » Sur ce poinct vinct la Paix,

La Paix, fille de Dieu : « J'ay la terre laissée
Qui me laisse, dit-elle, et qui m'a deschassée :
Tout y est abbruty, tout est de moy quitté
En sommeil lestargic, d'une tranquillité
Que le monde cherit, et n'a pas connoissance
Qu'elle est fille d'enfer, guerre de conscience,
Fausse paix qui vouloit desrober mon manteau
Pour cacher dessoubs luy le fer et le couteau,
A porter dans le sein des agneaux de l'Eglise
Et la guerre et la mort qu'un nom de paix desguise. »
 A ces mots le troupeau des esprits fut ravy :
Ce propos fut repris et promptement suivy
Par les Anges, desquels la plaintive priere
Esmeut le front du juge et le cœur d'un vray Pere.
Ils s'ameutent ensemble et firent, gemissants,
Fumer cette oraison d'un pretieux encens :
 « Grand Dieu ! devant les yeux duquel ne sont cachées
Des cœurs plus endurcis les premieres pensées,
Desploie ta pitié en ta justice, et faicts
Trouver mal au meschant, au paisible la paix.
Tu vois que les geants, foibles dieux de la terre,
En tes membres te font une insolente guerre,
Que l'innocent perit par l'injuste trenchant,
Par le couteau qui doibt effacer le meschant.
Tu voi du sang des tiens les rivieres changées,
Se rire les meschants des ames non vengées,
Ton nom foulé aux pieds, nom que ne peut nommer
L'Atheiste, sinon quand il veut blasphemer :

Ta patience rend son entreprise ferme,
Et tes jugements sont en mespris pour le terme.
Ne void ton œil vengeur esclatter en tous lieux
Sur ses tendres agneaux les effroyables feux
Dont l'ardeur par les tiens se trouve consumée,
Et nous sommes lassez d'en boire la fumée.
Ses patiens tesmoings souffrent sans pleurs et cris,
Et sans trouble le mal qui trouble nos esprits.
Nous sommes immortels ; peu s'en faut que ne meure
Chacun qui les visite en leur noire demeure,
Aux puantes prisons, ou les sainctes zelateurs
Quand nous les consolons nous sont consolateurs. »
   Là les bandes du ciel, humbles, agenouillées,
Presenterent à Dieu mil ames despouillées
De leurs corps par les feux, les cordes, les couteaux,
Qui, libres au sortir des ongles des bourreaux,
Toutes blanches au feu volent avec les flammes,
Pures dans les cieux purs, le beau pays des ames,
Passent l'œther, le feu, percent le beau des cieux ;
Les orbes tournoians sonnent harmonieux ;
A eux se joint la voix des anges de lumiere,
Qui menent ces presens en leur place premiere :
Avec elles voloient, comme troupe de vents,
Les prieres, les cris et les pleurs des vivants,
Qui, du nuage espaix d'une amere fumée,
Firent des yeux de Dieu sortir l'ire allumée.
   De mesme en quelques lieux vous pouvez avoir leu,
Et les yeux des vivants pourroient bien avoir veu

Quelque Empereur ou Roy tenant sa Cour planiere
Au millieu des festins, des combats de barriere,
En l'esclat des plaisirs, des pompes ; et alors
Qu'à ces princes cheris il monstre ses thresors,
Entrer à l'improviste une vefve esplorée,
Qui foulle tout respect, en deuil demesurée,
Qui conduit le corps mort d'un bien-aimé mary,
Ou porte d'un enfant le visage meurtry ;
Faict de cheveux jonchée, accorde à sa requeste
Le trouble de ses yeux, qui trouble cette feste.
La troupe qui la void change en plainte ses ris,
Elle change leurs chants en l'horreur de ses cris.
Le bon Roy quitte lors le sceptre et la seance,
Met l'espée au costé et marche à la vengeance.
 Dieu se leve en courroux, et au travers des cieux
Perça, passa son chef; à l'esclair de ses yeux,
Les cieux se sont fendus, tremblants, suants de crainte ;
Les hauts monts ont croullé. Cette Majesté saincte,
Paroissant, fit trembler les simples elements,
Et du monde esbransla les stables fondements.
Le tonnerre grondant cent fois passa la nüe :
Tout s'enfuit, tout s'estonne et gemit à sa veüe :
Les Rois espouvantez laissent choir, pallissants ;
De leurs sanglantes mains les sceptres rougissants
La mer fuit et ne peut trouver une cachette ;
Devant les yeux de Dieu les vents n'ont de retraitte
Pour parer ses fureurs : l'univers arresté
Adore en fremissant sa haute Majesté ;

Et lors que tout le monde est en frayeur ensemble,
Que l'abisme profond en ses cavernes tremble,
Les chrestiens seulement affligez sont ouïs,
D'une voix de loüange et d'un psaume esjouis,
Au tocquement des mains faire comme une entrée
Au Roy, de leur secours et victoire assurée.
Le meschant le sentit plein d'espouventement,
Mais le bon le connut plein de contentement.

 Le Tout-Puissant plana sur le haut de la nüe
Long-temps, jettant le feu et l'ire de sa veüe
Sur la terre, et voicy, le Tout-Voyant ne void,
En tout ce que la terre en son orgueil avoit,
Rien si près de son œil que la brave rencontre
D'un gros amas de tours qui eslevé se monstre
Dedans l'air plus hautain. Cet orgueil tout nouveau
De pavillons dorez faisoit un beau chasteau,
Plein de lustre et d'esclat, dont les cimes poinctües,
Braves, contre le ciel mipartissoient les nües.
Sur ce premier objet Dieu tient longuement l'œil,
Pour de l'homme orgueilleux voir l'ouvrage et l'orgueil.
Il void les vents esmeus, postes du grand Æole,
Faire en virant gronder la giroüette folle.
Il descend, il s'approche, et, pour voir de plus près,
Il met le doigt qui juge et qui punit après,
L'ongle dans la paroy, qui de loing reluisante
Eut la face et le front de bricque rougissante.
Mais Dieu trouva l'estoffe et les durs fondements,
Et la pierre commune à ces fiers bastiments

D'os, de testes de morts ; au mortier execrable
Les cendres des bruslez avoient servi de sable,
L'eau qui les destrempoit estoit du sang versé ;
La chaux vive dont fut l'edifice enlacé,
Qui blanchit ces tombeaux et les salles si belles,
C'est le meslange cher de nos tristes moëlles.
 Les poëtes ont feint que leur feinct Juppiter
Estant venu du ciel les hommes visiter,
Punit un Lycaon mangeur d'homme execrable,
En le changeant en loup à sa tragicque table.
Dieu voulut visiter cette roche aux lyons,
Entra dans la tasniere et vit ces Lycaons,
Qui lors au premier mets de leurs tables exquises
Estoient servis en or, avoient pour friandises
Des enfans desguisez ; il trouva là dedans
Des loups cachez aiants la chair entre les dents.
Nous avons parmy nous cette gent cannibale ;
Qui de son vif gibier le sang tout chaud avalle,
Qui au commencement, par un trou en la peau,
Succe, sans escorcher, le sang de son troupeau,
Puis acheve le reste, et de leurs mains fumantes
Portent à leur palais bras et mains innocentes,
Font leur chair de la chair des orphelins occis ;
Mais par desguisements, comme par un hachis,
Oste l'horreur du nom ; cette brute canaille
Faict tomber sans effroy entrailles dans entraille,
Si que dès l'œuf rompu, Thyestes en repas,
Tel s'abesche d'humain qui ne le pense pas.

Des tests des condamnez et coulpables sans coulpes
Ils parent leurs buffets et font tourner leurs couppes ;
Des os plus blancs et nets leurs meubles marquetez
Resjouissoient leurs yeux de fines cruautez ;
Ils hument à longs traicts dans leurs couppes dorées
Suc, sang, laict et sueurs des vefves esplorées ;
Leur barbe s'en parfume, et aux fins du repas,
Yvres vont desgouttant cette horreur contre-bas.
De si aspres forfaicts l'odeur n'est point si forte
Qu'ils ne fassent dormir leur conscience morte
Sur des matras enflez du poil des orphelins ;
De ce piteux duvet leurs oreillers sont pleins.
Puis de sa tendre peau faut que l'enfant vestisse
Le meurtrier de son père en tiltre de justice ;
Celle qu'ils ont faict vefve arrache ses cheveux,
Pour en faire un tissu horrible et precieux :
C'est le dernier butin que le voleur desrobe
A faire parements de si funeste robbe.

    Voilà en quel estat vivoient les justiciers,
Aux meurtriers si benins, des benins les meurtriers,
Tesmoins du faux tesmoing, les pleiges des faussaires,
Receleurs des larrons, macquereaux d'adulteres,
Mercenaires, vendans la langue, la faveur,
Raison, authorité, ame, science et cœur.
    Encor falut-il voir cette Chambre Dorée
De justice jadis, d'or maintenant parée
Par dons, non par raison : là se voit decider
La force et non le droict ; là voit-on presider

Sur un throsne eslevé l'Injustice impudente.
Son parement estoit d'escarlatte sanglante
Qui goutte sans repos ; elle n'a plus aux yeux
Le bandeau des anciens, mais l'esclat furieux
Des regards fourvoiants : inconstamment se vire
En peine sur le bon, en loyer sur le pire ;
Sa balance aux poids d'or tresbuche faussement ;
Près d'elle sont assiz au lict de jugement
Ceux qui peuvent monter par marchandise impure,
Qui peuvent commancer par notable parjure,
Qui d'ame et de salut ont quitté le soucy.
Vous les verrez depeints au tableau que voicy :

   A gauche avoit seance une vieille harpye
Qui entre ses genoux grommeloit, accroupie,
Contoit et racontoit, approchoit de ses yeux
Noirs, petits, enfoncez, les dons plus pretieux
Qu'elle recache aux plis de sa robbe rompue.
Ses os en mille endroicts repoussans sa chair nüe,
D'ongles rognez, crochus, son tappi tout cassé,
A tout propos penchant, par elle estoit dressé :
L'Avarice en mangeant est tousjours affamée.
La Justice à ses pieds, en pourtraict diffamée,
Luy sert de marchepied : là, soit à droict, à tort,
Le riche a la vengeance et le pauvre a la mort.

   A son costé triomphe une peste plus belle,
La jeune Ambition, folle et vaine cervelle,
A qui les yeux flambants, enflez, sortent du front
Impudent, enlevé, superbe, fier et rond,

Aux sourcils rehaussez : la prudente et rusée
Se pare d'un manteau de toile d'or frisée,
Alors qu'elle traficque, et praticque les yeux
Des dames, des galands et des luxurieux :
Incontinent plus simple elle vest, desguisée,
Un modeste maintien, sa manteline usée :
Devant un cœur hautain, rude à l'ambition,
Tout servil pour gaigner la domination.
Une perruque feinte en vieille elle appareille ;
C'est une Alcine fausse et qui n'a sa pareille,
Soit à se transformer, ou connoistre comment
Doibt la comediante avoir l'accoustrement :
La gloire la plus grande est sans gloire paroistre,
L'ambition se tüe en se faisant connoistre.
 L'on voit en l'autre siege estripper les serpents,
Les crapaux, le venin entre les noires dents
Du conseiller suivant, car la mi-morte Envie
Sort des rochers hideux et traisne là sa vie.
 On connoist bien encor cette teste sans front,
Poinctüe en pyramide, et cet œil creux et rond,
Ce nez tortu, plissé, qui sans cesse marmotte,
Rid à tous en faisant de ses doigts la marotte.
 Là de ses yeux esmeus esmeut tout en fureur
L'Ire empourprée : il sort un feu qui donne horreur
De ses yeux ondoyants, comme au travers la glace
D'un chrystal se peut voir d'un gros rubi la face ;
Elle ha dans la main droicte un poignard asseché
Du sang qui ne s'efface, elle le tient caché

Dessous un voile noir, duquel elle est pourvue
Pour offusquer de soy et des autres la veue,
De peur que la pitié ne volle dans le cœur
Par la porte des yeux. Puis la douce Faveur
De ses yeux affettez chacun pippe et regarde,
Faict sur les fleurs de lys des bouquets ; la mignarde
Oppose ses beautez au droict, et aux flatteurs
Donne à baizer l'azur, non à sentir les fleurs.
 Comment d'un pas douteux en la trouppe Bacchante,
Estourdie au matin, sur le soir violente,
Porte dans le Senat un tison enflambé.
Folle au front cramoisy, nez rouge, teinct plombé,
Comment l'Yvrognerie en la foulle eschauffée,
N'oiant les douces voix, met en pieces Orphée,
A l'esclat des cornets d'un vineux Evoué,
Bruit un arrest de mort d'un gosier enroué.
 Il y falloit encor cette seiche, tremblante,
Pasle, aux yeux chassieux, de qui la peur s'augmente
Pour la diversité des remedes cerchez;
Elle va trafficquant de peché sur pechez,
A prix faict d'un chacun veut payer Dieu de fueilles,
De mots non entendus bat l'air et les oreilles;
Ceinture, doigts et sein sont pleins de grains benits,
De comptes, de bougies et de bagues fournis :
Le temple est pour ses fats la bouticque choisie.
Macquerelle aux autels, telle est l'Hypocrisie,
Qui parle doucement, puis sur son dos bigot
Va par zele porter au buscher un fagot.

Mais quelle est cette teste ainsy longue en arriere,
Aux yeux noirs, enfoncez soubs l'espaisse paupiere,
Si ce n'est la Vengeance au teint noir, palissant,
Qui croist et qui devient plus forte en vieillissant ?

   Que tu changes soudain, tremblante Jalousie,
Pasle comme la mort, comme feu cramoisie :
A la crainte, à l'espoir tu souhaittes cent yeux,
Pour à la fois percer cent subjects et cent lieux :
Si tu sens l'esguillon de quelque conscience,
Tu te mets au devant, tu trouble, tu t'advance,
Tu encheris du tout et ne laisses de quoy
Ton scelerat voisin se pousse devant toy.

   Cette fresle beauté qu'un vermillon desguise
A l'habit de changeant, sur un costé assize :
Ce fin cuir transparent qui trahit sous la peau
Mainte veine en serpent, maint artere nouveau :
Cet œil lousche, brillant, n'est-ce pas l'Inconstance ?

   Sa voisine qui enfle une si lourde panse
Ronfle la joüe en paume, et d'un acier rouillé
Arme son estomach, de qui l'œil resveillé
Semble dormir encor ou n'avoir point de vies :
Endurcie, au teinct mort, des hommes ennemie,
Pachuderme de corps, d'un esprit indompté,
Astorge, sans pitié, c'est la Stupidité.

   Où fuis-tu en ce coin, Pauvreté demi-vive ?
As-tu la Chambre d'or pour l'hospital, chetifve,
Azyle pour fuir la poursuivante faim ?
Veux-tu pestrir de sang ton execrable pain ?

Ose icy mandier ta rechigneuse face,
Et faire de ses lis tappis à ta besace?
　　Et puis, pour couronner cette liste des dieux,
Ride son frond estroit, offusqué de cheveux,
Presents des courtisans, la chevesche du reste,
L'Ignorance, qui n'est la moins facheuse peste :
Ses petits yeux charnus sourcillent sans repos,
Sa grand bouche demeure ouverte à tous propos;
Elle n'a sentiment de pitié ni misere :
Toute cause luy est indifferente et claire;
Son livre est le commung; sa loy, ce qu'il luy plaist :
Elle dict ad idem, puis demande que c'est.
　　Sur l'autre banc paroist la contenance enorme
D'une impiteuse More, à la bouche difforme,
Ses levres à gros bords, ses yeux durs de travers,
Flambants, veineux, tremblants, ses naseaux hauts, ouverts,
Les sourcils joincts, espais, sa voix rude, enrouée :
Tout convient à sa robbe à l'espaule nouée
Qui couvre l'un des bras, gros, et nerveux, et courts;
L'autre, tout nud, paroist semé du poil d'un ours;
Ses cheveux mi-bruslez sont frisez comme laine,
Entre l'œil et le nez s'enfle une grosse veine,
Un pourtraict de Pitié à ses pieds est jetté :
Dessus ce throsne sied ainsy la Cruauté.
　　Après, la Passion, aspre fusil des ames,
Porte un manteau glacé sur l'estomach de flammes;
Son cuir tout delié, tout doublé de fureurs,
Changé par les objects en diverses couleurs :

La brusque, sans repos, brusle en impatience
Et n'attend pas son tour à dire sa sentence.
De morgues, de menace et gestes resserrés
Elle veut rallier les advis esgarés,
Comme un joüeur badin qui d'espaule et d'eschine
Essaie à corriger sa boule qui chemine.
   La Haine partisane, aussy avec courroux,
Condamne les advis qui luy semblent trop doux,
Menace pour raison, ou du chef ou du maistre :
Ce qui n'est violent est criminel ou traistre.
   Encores, en changeant d'un ou d'autre costé,
Tient là son rang la fade et sotte Vanité,
Qui porte au sacré lieu tout à nouvelle guise,
Ses cheveux affricquains, les chausses en valize,
La rotonde, l'empoix, double collet perdu,
La perruque du crin d'un honneste pendu
Et de celuy qui part d'une honteuse place.
Le poulet enlacé autour du bras s'enlace ;
On l'ouvre aux compagnons, tout y sent la putain,
Le geste effeminé, le regard incertain :
Fard et ambre partout, quoyqu'en la saincte chambre
Le fard doibt estre laid, puant doibt estre l'ambre.
Maschant le muscadin, le begue on contrefaict,
On se peigne des mains ; la gorge s'y deffaict ;
Sur l'espaulle se joüe une longue moustache.
Parfois le conseiller devient soldat bravache,
Met la robbe et l'estat à repos dans un coing,
S'arme d'esprons dorez pour n'aller gueire loing,

Se fourre en un berlan, d'un procez il renvie,
Et s'il faut s'acquitter faict reste d'une vie ;
Le tout pour acquerir un vent moins que du vent.
La Vanité s'y trompe, et c'est elle souvent
Qui, voulant plaire à tous, est de tous mesprisée.
 Mesmes la Servitude, à la teste rasée,
Sert sur le tribunal ses maistres, et n'a loy
Que l'injuste plaisir ou desplaisir du Roy.
D'elle vient que nos loix sont ridicules fables
Le vent se joüe en l'air du mot « irrévocables ».
Le registre à signer et biffer est tout prest,
Et tout arrest devient un arrest sans arrest.
 Voicy dessus les rangs une autre courtisane,
Dont l'œil est attrayant et la bouche est prophane,
Qui n'a de sérieux ni de seur un seul poinct :
Preste, béante à tout, qui rid et ne rid point ;
C'est la Bouffonnerie imperieuse, folle :
Son infame bouticque est pleine de parolle
Qui delecte l'oreille en offensant les cœurs :
Par elle ce Senat est au banc des mocqueurs.
 Il se faut bien garder d'oublier en ce compte
Le front de passereau, sans cheveux et sans honte,
De la chauve Luxure, à qui l'object nouveau
D'une beauté promise a mis les yeux en eau.
Elle a pour faict et droict et pour ame l'idée
Du but impatient d'une putain fardée.
 Et que faict la Foiblesse au tribunal des rois !
Car tout lui sert de crainte, et ses craintes de loix.

Elle tremble, elle espere ; elle est rouge, elle est blesme ;
Elle ne porte rien et tombe soubs soy-mesme.
  Faut-il que cette porque y tienne quelque rang,
La Paresse accroupie au marchepied du banc,
Qui, le menton au sein, les mains à la pochette,
Feint de voir, et sans voir, juge sur l'etiquette ?
  Quel Demon sur le droict par force triomphant
Dans le rang des vieillards a logé cet enfant ?
Quel senat d'escoliers, de bouillantes cervelles,
Qu'on choisit par exprès aux causes criminelles ?
Quel faux astre produit en ces fades saisons
Des conseillers sans barbe et des lacquais grisons ?
La Jeunesse est icy un juge d'advanture,
Au sein deboutonné, qui sans loix ni ceinture
Rit en faisant virer un moullinet de noix,
Donne dans ce conseil sa temeraire voix,
Resve au jeu, court ailleurs, et respond tout de mesmes
Des advis esgarez à l'un des deux extresmes :
Son nom seroit Hebé si nous estions païens :
C'est cet esprit qui meut par chauds et prompts moiens
Nos jeunes Roboams à une injuste guerre.
C'est l'eschanson de sang pour les dieux de la terre.
  Là, soubs un sein d'acier, tient son cœur en prison
La taciturne, froide et lasche Trahison,
De qui l'œil esgaré à l'autre ne s'affronte :
Sa peau sert de couleurs, faict des tasches sans compte ;
De voix sonore et douce et d'un ton féminin
La magicque en l'oreille attache son venin,

Prodigue avec serment, chere et fausse monnoye,
Et des ris de despit et des larmes de joye.
 Sans desir, sans espoir, a volé dans ce train,
De la plus vile boüe au throsne souverain,
Qui mesme en s'y voiant encor ne s'y peut croire,
L'Insolence camuze et honteuse de gloire.
Tout vice fache autruy, chacun le veut oster;
Mais l'insolent ne peut soi-mesme se porter.
 Quel monstre voi-je encor? une dame bigotte,
Macquerelle du gain, malitieuse et sotte :
Nulle peste n'offusque et ne trouble si fort
Pour subvertir le droict, pour establir le tort,
Pour jeter dans les yeux des juges la poussière,
Que cette enchanteresse, autrefois estrangere.
Son habit de couleur et chiffres bigarré,
Sous un vieil chapperon un gros bonnet quarré :
Ses faux poids, sa fausse aulne et sa reigle tortüe
Deschiffrent son ænigme et la rendent connüe,
Pour present que d'enfer la Discorde a porté,
Et qui difforme tout : c'est la Formalité.
Erreur d'authorité, qui par normes énormes
Oste l'estre à la chose, au contraire des formes.
Qui la hait, qui la fuit, n'entend pas le palais.
Honorable reproche à ces doctes Harlais,
De Thou, Gillot, Thurin, et autres que je laisse,
Immunes de ces maux, hormis de la foiblesse,
Foiblesse qui les rend esclaves et contraincts,
Bien que tordant le col, faire signer des mains

Ce qu'abhorre le sens ; mais qui font de la plume
Un outil de bourreau qui destruit et consume.
Ces plumes sont stilets des assassins gagés,
Dont on escrit au dos des captifs affligés
Le noir Theta qui tüe, et le tüeur tourmente.
Cette Formalité eut pour pere un pedante,
Un charlattan vendeur, porteur de rogatons,
Qui debvoit de son dos user tous les bastons.
 Au dernier coin se sied la miserable Crainte :
Sa palissante veüe est des autres esteinte,
Son œil morne et transy en voyant ne void pas,
Son visage sans feu a le teinct du trespas.
Alors que tout son banc en un amas s'assemble,
Son advis ne dit rien qu'un triste ouy qui tremble :
Elle a soubs un tetin la plaie où le Malheur
Ficha ses doigts crochus pour luy oster le cœur.
 Mais encor, pour mieux voir entiere la bouticque
Où de vies et de biens l'Injustice trafficque,
L'occasion s'offrit que Henry, second roy,
En la Mercuriale ordonna pour sa loi
Le feu pour peines deües aux âmes plus constantes.
Là parurent en corps et en robbes sanglantes
Ceux qui furent jadis juges et senateurs,
Puis du plaisir des rois lasches executeurs :
De là se peut la cour, en se faisant esgalle
A Mercure macqreau, dire Mercurialle.
Ce jour nos senateurs, à leur maistre vendus,
Luy presterent serment en esclaves tondus.

Ce palais du grand juge avoit tiré la veüe
Par le lustre et l'esclat qui brilloit dans la nüe.
En voicy un second qui se fit par horreur
Voir de tous empereurs au supresme empereur :
Un funeste chasteau, dont les tours assemblées
Ne monstroient par dehors que grilles redoublées,
Tout obscur, tout puant ; c'est le palais, le fort
De l'inquisition, le logis de la mort :
C'est le taureau d'airain dans lequel sont esteintes
Et les justes raisons, et les plus tendres plaintes :
Là mesme aux yeux de Dieu l'homme veut estouffer
La priere et la foi : c'est l'abbregé d'enfer.
Là, parmy les crapaux, en devinant leurs fautes,
Trempent les enchaînés ; des prisons les plus hautes
Est banny le sommeil, car les grillons ferrez
Sont les tappis velus et matras embourrez.
La faim plus que le feu esteint en ces tasnieres
Et la vie et les pleurs des ames prisonnieres.
Dieu, aux funestes jours de leurs actes plus beaux,
Void leurs throsnes levés, l'amas de leurs posteaux,
Les arcs, les eschaffauts dont la pompe estoffée
Des parements dorez preparoit un trophée.
Puis il vid demarcher à trois ordres divers
Les rangs des condamnez de sambenits couverts :
Dessoubs ces parements, les heritiers insignes
Du manteau, du roseau, et couronne d'épines,
Portent les diables peints ; les anges en effect
Leur vont tenant la main autrement qu'en pourtraict.

Les hommes sur les corps desploient leurs injures,
Mais ne donnent le ciel ne l'enfer qu'en peintures;
A leur Dieu de papier il faut un appareil
De paradis, d'enfer et dæmons tout pareil.
L'idolatre qui faict son salut en image,
Par images anime et retient son courage;
Mais l'idolle n'a peu le fidelle troubler,
Qui n'en rien esperant n'en peut aussy trembler.
 Apres, Dieu vid marcher de contenances graves
Ces guerriers hazardeux dessus leurs mules braves,
Les trompettes devant : quelque plus vieil soudard
Porte dans le millieu l'infernal estendart,
Où est peint Ferdinand, sa compagne Ysabelle,
Et Sixte, pape, autheurs de la secte bourrelle.
Cet oriflan superbe, en ce point arboré,
Est du peuple tremblant à genoux adoré.
Puis au fond de la troupe, à l'orgueil esquipée,
Entre quatre heraux porte un comte l'espée :
Ainsi fleurit le choix des artisans cruels,
Hommes desnasturez, Castillans naturels :
Ces mi-mores hautains, honorez, effroyables,
N'ont d'autre poinct d'honneur que d'estre impitoyables,
Nourris à exercer l'astorge dureté
A voir d'un front tetric la tendre humanité,
Corbeaux courants aux morts et aux gibets en joye,
S'esgaiants dans le sang, et joüants de leur proye.
 Dieu vid, non sans fureur, ces triomphes nouveaux
Des pourvoieurs d'enfer, magnificques bourreaux,

Et receut en son sein les ames infinies
Qu'en secret, qu'en public trainoient ces tragedies,
Où le pere en l'orchestre a produit sans effroy
L'heritier d'un Royaume et l'unicque d'un Roy.
  Les docteurs accusez du changement extresme
Qui parut à la mort du grand Charles cinquiesme,
Marchent de ce troupeau : comtes et grands seigneurs,
Dames, filles, enfans, compagnons en honneurs
D'un triomphe sans lustre et de plus d'efficace,
Font au ciel leur entrée, où ils trouvent leur place.
Tremblez, juges, sachez que le juge des cieux
Tient de chacun des siens le sang tres-pretieux :
Quand vous signez leur mort, cette clause est signée :
« Que leur sang soit pour nous et sur notre lignée. »
  Et vous qui le faux nom de l'Eglise prenez,
Qui de faicts criminels, sobres, vous abstenez,
Qui en ostez les mains et y trempez les langues,
Qui tirez pour couteaux vos meurtrieres harangues,
Qui jugez en secret, publics solliciteurs,
N'estes-vous pas Juifs, race de ces docteurs
Qui confessoient tousjours, en criant : « Crucifie »,
Que la loy leur defend de juger une vie :
Ou bourreaux ne vivants que de mort et de sang,
Qui en executant mettent dans un gant blanc
La destruisante main aux meurtres acharnée,
Pour tüer sans toucher à la peau condamnée ;
Pour faire aussy jurer à ces doctes brigands
Que de leur main sacrée ils n'ont pris que des gants :

On en donne un plein d'or, sur la bonne esperance,
Et l'autre suit apres, loyer de la sentence.
   Ce venin espagnol aux autres nations
Communicque en courant telles inventions :
L'Europe se monstra, Dieu vid sa contenance,
Fumeuse par les feux, esmeus de l'innocence ;
Vid les publicques lieux, les palais les plus beaux,
Pleins de peuples bruiants, qui, pour les jeux nouveaux,
Estaloient à la mort les plus entieres vies
En spectacles plaisants et feintes tragedies.
Là, le peuple amassé n'amollissoit son cœur ;
L'esprit préoccupé de faux zelle d'erreur,
D'injures et de cris estouffoit la priere
Et les plaints des mourants ; là, de mesme maniere
Qu'aux theatres on vid s'eschauffer les Romains,
Ce peuple desbauché applaudissoit des mains ;
Mesme, au lieu de vouloir la sentence plus douce,
En Romains ils tournoient vers la terre le poulce :
Ces barbares, esmeus des tisons de l'enfer,
Et de Rome, ont crié : « Qu'ils reçoivent le fer ! »
   Les corps à demi-morts sont trainez par les fanges,
Les enfants ont pour jeu ces passe-temps estranges :
Les satellites fiers tout autour arrengez
Etouffoient de leurs cris les cris des affligez.
Puis les empoisonneurs des esprits et des ames,
Ignorants, endurcis, conduisent jusqu'aux flammes
Ceux qui portent de Christ en leurs membres la croix.
Ils la souffrent en chair, on leur presente en bois.

De ces bouches d'erreur les orgueilleux blasphemes
Blessent l'agneau lié plus fort que la mort mesmes.
Or, de peur qu'à ce poinct les esprits delivrez,
Qui ne sont plus de crainte ou d'espoir enyvrez,
Des-ja proches du ciel, lesquels par leur constance
Et le mespris du monde ont du ciel connoissance,
Comme cygnes mourants ne chantent doucement,
Les subtils font mourir la voix premierement.
Leur priere est muette, au Pere seul s'envolle,
Gardans pour le loüer le cœur, non la parolle.
Mais ces hommes, cuidans avoir bien arresté
Le vray, par un baillon preschent la verité.
La verité du ciel ne fut onc baillonnée,
Et cette race a veu (qui l'a plus estonnée)
Que Dieu à ses tesmoings a donné maintefois
(La langue estant couppée) une celeste voix :
Merveilles qui n'ont pas esté au siecle vaines.
 Les cendres des bruslez sont pretieuses graines
Qui, apres les hyvers noirs d'orage et de pleurs,
Ouvrent au doux printemps d'un million de fleurs
Le baume salutaire, et sont nouvelles plantes
Au millieu des parvis de Sion fleurissantes.
Tant de sang que les rois espanchent à ruisseaux
S'exhale en douce pluie et en fontaines d'eaux,
Qui, coulantes aux pieds de ces plantes divines,
Donne de prendre vie et de croistre aux racines.
Des obscures prisons, les plus amers souspirs
Servent à ces beautez de gratieux zephyrs.

L'Ouvrier parfaict de tous, cet Artisan supresme,
Tire de mort la vie, et du mal le bien mesme :
Il resserre nos pleurs en ces vases plus beaux,
Escrit en son regist éternel tous nos maux.
D'Italie, d'Espagne, Albion, France et Flandre,
Les anges diligents vont ramasser nos cendres :
Les quatre parts du monde, et la terre et la mer,
Rendront compte des morts qui luy plaira nommer.
Ceux-là mesmes seront vos tesmoings sans reproches :
Juges, où seront lors vos fuittes, vos accroches,
Vos exoines, delais, de chicane les tours ?
Serviront-ils vers Dieu qui tiendra ses grands jours,
Devant un jugement si absolu, si ferme,
Lequel vous ne pourriez mespriser pour le terme ?
Si vous sçaviez comment il juge dès-icy
Ses bien-aymez enfants, et ses haineux aussy,
Sachez que l'innocent ne perdra point sa peine,
Vous en avez chez vous une marque certaine.
Dans vostre grand palais, où vous n'avez point leu,
Oyants vous n'oiez point, voyants vous n'avez veu
Ce qui pend sur vos chefs en sa voute effacée,
Par un prophete ancien une histoire tracée
Dont les traicts par dessus d'autres traicts desguisez
Ne se descouvrent plus qu'aux esprits advisez.

   C'est la mutation qui se doibt bien tost faire
Par la juste fureur de l'esmeu populaire,
Accidents tous pareils à ceux-là qu'ont soufferts
Les prestres de Babel, pour estre descouverts

Non seulement fauteurs de l'ignorance inicque,
Mais sectateurs ardents du meurtrier Dominicque.
   C'est le triomphe sainct de la sage Themis,
Qui abbat à ses pieds ses pervers ennemis :
Themis, vierge au teinct net, son regard tout ensemble
Faict qu'on desire et craint, qu'on espere et qu'on tremble
Elle a un triste et froid, non un rude maintien :
La loy de Dieu la guide et luy sert d'entretien.
On void aux deux costez et devant et derriere
Des gros de cavalliers de diverse maniere.
Les premiers sont anciens juges du peuple Hebrieu
Qui n'ont point desmenti leur estat ni leur lieu,
Mais justement jugé. Premier de tous, Moyse,
Qui n'avoit que la loy de la nature apprise,
Puis apporta du haut de l'effroiant Sina
Ce que le doigt de Dieu en deux pierres signa.
Et puis, executant du Seigneur les vengeances,
Prend en un poing l'espée, en l'autre les balances :
Phinées, zelateur qui d'yre s'embraza,
Et qui par son courroux le celeste appaisa ;
Le vaillant Josué, de son peuple le pere,
De l'interdit d'Achan punisseur très severe,
Doux envers Israel ; Jephthé, que la rigueur
De son vœu eschappé fit desolé vainqueur.
Samuel tient son rang, juge et prophete sage,
A qui ce peuple sot, friand de son dommage,
Demande un roy ; luy donc, instituant les roys,
Annonce leurs deffauts, que l'on prend pour leurs droicts.

David s'avance après, guères loing de la teste,
Salomon decidant la douteuse requeste.
Là sont peintes les mains qui font mesme serment :
L'une juste dit vray, l'autre perfidement.
On void l'enfant en l'air par deux soldats suspendre,
L'affamé coutelas qui brille pour le fendre ;
Des deux meres le front, l'un pasle et sans pitié,
L'autre la larme à l'œil, tout en feu d'amitié.
De ce roy qui pecha point n'empesche le vice
Qu'il ne paroisse au rang des maistres de justice.
Josaphat, Ezechie et Josias en sont ;
Nehemias, Esdras, la retraitte parfont ;
Avec eux Daniel, des condamnez refuge,
Espeluchant les cœurs, bon et celeste juge,
Trouveur des veritez, inquisiteur parfaict,
Procedent sans reproche en question de faict.
 A la troupe des Grecs, je voy luire pour guide,
Sa coquille en la main, l'excellent Aristide,
Agesilas de Sparte, Ochus l'Ægyptien ;
Thomiris a sa place avec ce peuple ancien ;
Crœsus y boit l'or chaud ; Crassus, farouche beste,
Noie dedans le sang son impiteuse teste ;
Solon legislateur, et celuy qui eut dueil
Esbrancher une loy plus qu'arracher son œil ;
Cyrus est peint au vif, près de lui Assuere ;
Agatocle se rend dessoubs cette banniere,
Qui, grand juge, grand roy, dans l'argile traitté,
Exerce en son repas la loy d'humilité ;

Puis ferme le troupeau la bande juste et sage
Qui pour cloistre habitoit le sainct Areopage.
   Aussy de ceux qui ont gardé les droicts humains,
En un autre scadron, desmarchent les Romains;
La race des Catons, de justice l'escolle;
Manlius, qui gagna son nom du Capitolle;
Ces Fabrices contents, ces princes laboureurs
Qu'on tiroit de l'arée à les faire empereurs;
Pour autruy et pour soy le très-heureux Auguste,
Qui regna justement en sa conqueste injuste,
Posseda par la paix ce qu'en guerre il conquit;
Soubs luy le Redempteur, le seul juste naquit.
Les Brutes, Scipions, Pompées et Fabies,
Qui de Rome prenoient les causes et les vies
Des orphelins d'Ægypte, et des vefves qu'un roi
Des Bactres veut priver de ce que veut la loy.
Justinian se void, legislateur severe,
Qui clost la troupe avec Antonin et Severe.
Les Adrians, Trajans, seroient bien de ce rang
S'ils ne s'estoient pollus des fideles au sang.
J'en voy qui, n'aiants point les sainctes loix pour guides,
Furent justes mondains : ceux-là sont les Druydes.
Charlemaigne s'esgaie entre ces vieux François,
Les Saliens, autheurs de nos plus sainctes loix,
Loix que je voy briser en deux siecles infames,
Quand les masles seront plus lasches que les femmes,
Quand on verra les lis en pillules changer,
Le Tusque estre Gaulois, le François estranger.

De ces premiers Gaulois entre les mains fidelles
Les princes estrangers deposoient leurs querelles,
Les procez plus doubteux, et mesmes ceux en quoy
Ils avoient pour partie et la France et le Roy.
 Voicy venir après des modernes la bande,
Qui plus elle est moderne et moins se trouve grande.
Que rares sont ceux-là qui font, au grand besoing,
De l'outragé servir l'addresse du tesmoing !
Vous y voiez encor un vieil juge d'Alsace
Auquel l'amy privé ne peut trouver de grace
Du perfide larcin que, par un lasche tour,
Ce Daniel second mit de la nuict au jour.
La Bourgogne a son duc qui, de ruse secrette,
Employe un chicaneur pour estouffer sa debte ;
Le fraudeur le promit ; voulant appareiller
Ses faussetés, le duc pendit son conseiller.
 Le mesme visitant trouve au bout d'un village
Une vefve esplorée, en desastré visage,
Qui luy cria : « Seigneur, mes ausmonniers amis
M'ont donné un linceul, où mon espoux est mis ;
Mais le pasteur avare, à faute de salaire,
Contraint le corps aimé pourrir dans le suaire. »
Le duc prend le curé, luy denonce comment
Il voulut honorer ce pauvre enterrement ;
Qu'il fit de tous costez, des parroisses voisines
Accourir la prestraille aux hipocrites mines.
Le prince fit aux yeux de l'avare troupeau
Lier le prestre vif et le mort, peau à peau,

Front à front, bouche à bouche, et le clergé, qui tremble,
Abria de ses mains ces deux horreurs ensemble.
Où es-tu, juste duc, au temps pernicieux
Qui refuse la terre aux heritiers des cieux ?
Encor les nations de ces Alpes cornües
De ces fermes cerveaux ne sont pas despourvües.
Un Sforce continent est au rang des anciens,
Et de cest ordre on void les libres Venitiens.
Le bon prince de Melphe apparoist davantage,
Excellent ornement, mais rare, de nostre aage.
Un indigne mary força de sa moitié
Par larmes le grand cœur, l'honneur par la pitié ;
Un tyran fit sa foy et le coulpable pendre,
Diffamant un renom ; lors sceut le prince rendre
Justice entiere à Dieu, vengeance à la douleur,
L'honneur à la surprise et la mort au volleur.
 Enfin, à train de dueil, le vieil peintre et prophete,
Produit en froid maintien la trouppe de retraitte,
Ceux qui vont reprochants à leur juge leur sang,
Couronnez de cyprez, ensevelis de blanc.
Leurs mains tendent au ciel, et les ardentes veuës
Regardent preparer un throsne dans les nuës,
Tribunal de triomphe en gloire appareillé,
Un regard de Hasmal, de feu entortillé.
Des quatre coings sortoient comme formes nouvelles
D'animaux qui portoient quatre faces, quatre aisles ;
Leurs pieds estoient pilliers, leurs mains prestes sortoient.
Leurs fronts d'airain poliz quatre espèces portoient,

Tournants en quatre endroicts, quatre semblances, comme
De l'aigle, du taureau, du lion et de l'homme ;
Effrayants animaux qui, de toutes les parts
Où en charbons de feu ils lançoient leurs regards,
Repartoient comme esclairs, sans destourner la face,
Et foudroioient au lieu, sans partir d'une place.
   Salomon fit armer son throsne droict-disant
Par douze fiers lions de metail reluisant,
Affin que chaque pas apportast une crainte ;
Mais le siege pompeux de la Majesté saincte
Foule aux pieds cent degrez et cent lions vivants,
Qui, à la voix de Dieu, descochent comme vents.
   La bande que je dicts paroissoit esblouie,
Et puis tocquer des mains de nouveau resjouie,
Quand au throsne flambant, dans le ciel arboré,
Ils voient arriver le grand juge adoré :
Et, comme elle marchoit soubs la splendeur nouvelle,
Brillante sur leurs chefs, et qui marche avec elle,
Ils relevent en haut leurs appellations.
Procureurs avoüez de seize nations.
Là les foudres et feux prompts au divin service
S'offrent à bien servir la celeste justice.
Là s'avancent les vents diligents et legers
Pour estre les herauts, postes et messagers.
Là les esprits aislez adjournent de leurs aisles
Les juges criminels aux peines eternelles.
On pense remarquer en cet humble troupeau
Cavagne et Briquemault, signalez du cordeau ;

Mongommery y va appuié d'une lance.
Le très-vaillant Montbrun punit de sa vaillance;
Et mesmes à troupeau marchent le demeurant
De ceux qui ont gagné leurs procez en mourant.
 Encor aux inhumains Nemezis inhumaine
Traine sa forte, longue et très pesante chaine
Qui loge en son grand tour un Senat prisonnier,
Que faict trotter devant un clerc, marchant dernier.
Une autre bouche tient une foule de juges
Fugitifs et cerchants leurs cliens pour refuges.
Que dis-je, leurs cliens? la haute Majesté
Iles meine aux prisonniers cercher la liberté:
Du pain aux confisquez, aux bannis la patrie,
L'honneur aux diffamez, aux condamnés la vie.
Puis d'un nœud entre deux, d'un pas triste et tardif,
Suyvoient Brisson le docte, et l'Archer et Tardif.
Ils tirent leurs meurtriers, bien fraisés d'un chevestre,
Boucher, et Pragenat, et le sanglant Incestre.
Juges, sergents, curez, confesseurs et bourreaux,
Tels artisans un jour, par changements nouveaux,
Metamorphoseront leurs temples venerables
En cavernes de gueux, les cloistres en estables,
En criminels tremblants les senateurs grisons,
En gibet le palais, et le Louvre en prison.
 De la fille du ciel telle paroist l'escorte,
A plus d'heur que d'esclat, moins pompeuse que forte:
Avec tels serviteurs et fideles amis
Rien n'arreste le pas de la blanche Themis.

Son charriot vainqueur, effroyable et superbe,
Ne foulle en cheminant ni le pavé ni l'herbe,
Mais roulle sur les corps et va faisant un bris,
Des monstres avortez par l'infidelle Ubris,
Ubris, fille d'Até, que les forces et fuittes
N'ont peu sauver devant les poursuivantes Lites,
Que le vray Juppiter decoupla sur ses pas.
Les joyaux de Mammon, à cette fois, n'ont pas
Corrompu les soldats qui font cette jonchée ;
Ce sont les Cherubins par qui fut detranchée
La grand'force d'Assur. Voyez comme ces corps
De leurs boiaux crevez ne jettent que thresors !
Quel grincement de dents et rechigneuses moües
Les visages mourants font soubs les quatre roües !
L'une des dextres prend au poinct du droict pouvoir,
L'autre meine des loix la reigle et le sçavoir ;
Des gauches la plus grande au poinct du faict s'engage
Et va poussant la moindre où est le tesmoignage.
La fille de la Terre et du Ciel met ses poids
En sa juste balance, et ses poids sont ses loix ;
Elle a sous le bandeau sur les choses la veüe,
Mais là personne n'est à ses beaux yeux connuë ;
Encor par les presents ne s'ouvre le bandeau ;
Son glaive tousjours prest n'est jamais au fourreau ;
Elle met à la fange et biens-faicts et injures.
Qui tire ce grand char ? Quatre licornes pures ;
La vefve l'accompagne et l'orphelin la suit,
L'usurier tire ailleurs, le chicaneur la fuit,

Et fuit sans que derriere un des fuiards regarde
De la formalité la race babillarde :
Tout interlocutoire, arrest, appoinctement
A plaider, à produire un gros enfantement
De procez, d'interdits, de griefs ; un compulsoire,
Puis le desrogatoire à un desrogatoire,
Visa, pareatis, replicque, exceptions,
Revisions, duplicque, objects, salvations,
Hypotecques, guever, deguerpir, prealables,
Fin de non recevoir. Fi des puants vocables
Qui m'ont changé mon style et mon sens à l'envers !
Cerchez-les au parquet, en non plus en mes vers.
Tout fuit, les uns tirans en Basse-Normandie,
Autres en Avignon, où ce mal prit sa vie,
Quand un contre-Antechrist de son style romain
Paya nos rois bigots, qui luy tenoient la main.
Je crains bien que quelqu'un plus viste et plus habile
Dans le Poictou plaideur cerchera un azyle,
Vous ne verrez jamais le train que nous disons
Se sauver en la Suisse ou entre les Grisons,
Nation de Dieu seul et de nulle autre serfve,
Et qui le droict divin sans autre droict observe.
Ces vices n'auront point de retraitte pour eux
Chez l'invincible Anglois, l'Escossois valeureux :
Car les nobles et grands la justice y ordonnent,
Les estats non vendus comme charges se donnent.
Heureuse Elizabeth, la justice rendant,
Et qui n'a point vendu tes droits en la vendant !

Et puis que ce nom sainct, de tous bons rois l'idée,
Prend sa place en ce rang, qui luy estoit gardée
Au roolle des martyrs, je diray en ce lieu
Ce que sur mon papier dicte l'Esprit de Dieu.
 La main qui te ravit de la geole en ta salle,
Qui changea la sellette en la chaire Royalle,
Et le sueil de la mort en un degré si haut,
Qui fit un tribunal d'un funeste eschaffaut ;
L'œil qui vit les desirs aspirans à la flamme,
Quand tu gardas ton ame en voulant perdre l'ame,
Cet œil vid les dangers, sa main porta le faix,
Te fit heureuse en guerre, et ferme dans la paix ;
Le Paraclet t'apprit à respondre aux harangues
De tous ambassadeurs, mesme en leurs propres langues.
C'est luy qui destourna l'encombre et le meschef
De vingt mortels desseins du reigne et de ton chef,
T'acquit le cœur des tiens, et te fit par merveilles
Tes lions au dehors domesticques oüeilles :
Ces braves abbatus au throsne où tu te sieds
Sont les lions que tient prosternez à tes pieds
La tendre humilité. Ton giron est la dorne
De la vierge à qui rend ses armes la licorne.
Tes anticques tableaux predisoient son sçavoir,
Ta vertu virginalle et ton secret pouvoir.
Par cet esprit, tu as repos en tes limites,
Tes haineux à tes bords brisent leurs exercites ;
Les mers avec les vents, l'air haut, moien et bas,
Et le ciel, partizans liez à tes combats,

Les foudres et les feux chocquent pour ta victoire,
Quand les tonnerres sont trompettes de ta gloire ;
Les guerriers hazardeux perdent, joyeux, pour toy
Ce que tu n'as regret de perdre pour la foy.
La Rose est la première heureuse sans seconde
Qui a repris ses pas, circuisant le monde :
Tes triomphantes nefs vont te faire nommer,
En tournoiant le tout, grand royne de la mer.
Puis, il faut qu'en splendeur neuf lustres te maintiennent,
Et qu'après septante ans (à quoy nos jours reviennent)
Debora d'Israël, Cherub sur les pervers,
Fleau des tyrans, flambeau luisant sur l'univers,
Pour regner bien plus haut, tout achevé, tu quitte
Dans les sçavantes mains d'un successeur d'eslitte
Ton estat au dehors et dedans appuié,
Le cœur soulé de vivre, et non pas ennuyé.
 Bien au rebours promet l'Eternel aux faussaires
De leur rendre sept fois, et sept fois leurs salaires.
Lisez, persecuteurs, le reste de mes chants ;
Vous y pourrez gouster le breuvage aux meschants :
Mais, aspics, vous avez pour moy l'oreille close.
Or, avant que de faire à mon œuvre une pose,
Entendez ce qui suit tant d'outrages commis.
Vous ne m'escoutez plus, stupides endormis !
Debout, ma voix se tait ; oyez sonner pour elle
La harpe qu'animoit une force eternelle :
Oyez David esmeu sur des juges plus doux ;
Ce qu'il dit à ceux-là, nous l'addressons à vous :

Et bien ! vous, conseillers de grandes compaignies,
Fils d'Adam qui jouez et des biens et des vies,
Dictes vray, c'est à Dieu que compte vous rendez,
Rendez-vous la justice ou si vous la vendez ?

Plustot, ames sans loy, perjures, desloyalles,
Vos balances, qui sont balances inesgalles,
Pervertissent la terre et versent aux humains
Violence et ruine, ouvrages de vos mains.

Vos meres ont conceu en l'impure matrice,
Puis avorté de vous tout d'un coup et du vice ;
Le mensonge qui fut vostre laict au berceau
Vous nourrit en jeunesse et abeche au tombeau.

Ils semblent le serpent à la peau marquettée
D'un jaune transparent, de venin mouchettée,
Ou l'aspic embuché qui veille en sommeillant,
Armé de soy, couvert d'un tortillon grouillant.

A l'aspic cauteleux cette bande est pareille,
Alors que de la queue il s'estouppe l'oreille :
Luy, contre les jargons de l'enchanteur sçavant,
Eux, pour chasser de Dieu les parolles au vent.

A ce troupeau, Seigneur, qui l'oreille se bousche
Brise leurs grosses dents en leur puante bouche :
Prend la verge de fer, fracasse de tes fleaux
La machouere puante à ces fiers lionceaux.

Que, comme l'eau se fond, ces orgueilleux se fondent ;
Au camp leurs ennemis sans peine se confondent :
S'ils bandent l'arc, que l'arc avant tirer soit las,
Que leurs traicts sans frapper s'envollent en esclats.

La mort, en leur printemps, ces chenilles suffocque,
Comme le limaçon sesche dedans la cocque,
Ou comme l'avorton qui naist en perissant
Et que la mort reçoit de ses mains en naissant.

Brusle d'un vent mauvais jusques dans les racines
Les boutons les premiers de ces tendres espines ;
Tout perisse, et que nul ne les preine en ses mains
Pour de ce bois maudit reschauffer les humains.

Ainsy faut que le juste après ses peines voye
Desploier du grand Dieu les salaires en joie,
Et que, baignant ses pieds dans le sang des pervers,
Il le jette dans l'air en esclattant ces vers.

Le bras de l'Eternel, aussy doux que robuste,
Faict du mal au meschant et faict du bien au juste,
Et en terre icy bas exerce jugement,
En attendant le jour de peur et tremblement.

La main qui fit sonner cette harpe divine
Frappa le Goliath de la gent philistine,
Ne trouvant sa pareille au rond de l'univers,
En düel, en bataille, en propheticques vers.

Comme elle nous crions : « Vien, Seigneur, et te haste,
Car l'homme de peché ton Eglise degaste. »
« Vien, dict l'esprit, accours, pour deffendre le tien. »
« Vien », dict l'espouse, et nous avec l'espouse : « Vien. »

NOTES

BIBLIOGRAPHIQUES ET PHILOLOGIQUES

DU TOME PREMIER

Ne quid nimis.

———

P. XIII, l. 2. — *A la Bibliothèque de Zurich.* — Il est probable que cet exemplaire fut un des premiers distribués, et qu'il fut envoyé par d'Aubigné lui-même, car le volume manuscrit que possède le *British Museum* (et dont je parle dans la note suivante) contient, p. 70, parmi les épigrammes françaises, la suivante, adressée *Aux Seigneurs de Zurich, qui demandoient à l'autheur de ses œuvres pour leur bibliothèque, avec ses armes et son pourtraict* :

> *Vous trezorizez en louanges*
> *Et des humains et des saints anges,*
> *Si par vos mains nous est rendu*
> *Ce que Heideberg a perdu.*
> *Mais ce thrésor, dès sa naissance,*
> *Prend du Vatican le chemin*
> *S'il n'ha point d'autre résistance*
> *Qu'en papier et qu'en parchemin.*

P. xv, note, l. 7. — Le tome 1216 des *Harleian* mss., au *British Museum*, a appartenu à Agrippa d'Aubigné. On lit sur le feuillet de garde : « *Feu monsieur Dobigni, peu de jours devant sa mort, me commanda de faire tenir se livre à son très cher et honoré frère, lequel il a prié de garder en tesmoignage de son affection.* » Cette note doit être de la main de Renée Burlamacchi, sa veuve, et la présence du volume à Londres atteste que le vœu de d'Aubigné avait été accompli par elle.

Ce manuscrit des *Tragiques* contient les trois sonnets, après la préface « Aux lecteurs », et les additions qui se rencontrent dans la deuxième édition. A la fin de chaque livre est indiqué le nombre de vers qu'il renferme. Ainsi : Livre I, 1,380 vers. — Livre II, 1,530. — Livre III, 1,044. — Livre IV, 1,416. — Livre V, 1,564. — Livre VI, 1,122. — Livre VII, 1,218. Une autre main a ajouté : « Et en tout 9,698 », total qui doit être erroné, car il est en réalité de 9,274. — A la fin du volume, aux pages 517 et 518, on trouve, d'une autre main que le reste, les trois *Additions* de notre ms. (Voir tome II, p. 207.)

Le ms. Harléien peut donc être considéré comme entièrement conforme au nôtre. Il a été écrit par un copiste, et on y remarque des corrections de la main de l'auteur.

Le volume a 518 pages in-4, dont les 393 premières sont occupées par les *Tragiques*. Après viennent : le *Discours par stances avec l'esprit du feu roy Henry* (Voir ci-après, p. 188, note sur P. 13, l. 17 et deux suites d'*Epigrammes* françaises et latines. Il a été acquis par le comte d'Oxford, vers 1715, et sans doute d'un nommé Backford, qui avait formé de belles collections. On lit au feuillet de garde : « *Backford, n° 6* ».

P. 1, l. 4. — *Donné à l'imprimeur le 5 aoust*. (Voir l'Avant-Propos, p. xiv, § vi.)

Page 5, ligne 4. — Ainsi d'Aubigné, né en 1552, avait vingt-cinq ans quand il commença ses *Tragiques*. C'est en

1577, alors que, grièvement blessé, il était retenu au lit à Castel-Jaloux. Il les continua par la suite, « à cheval et dans les tranchées » (p. 7, l. 8). Il dit lui-même au début du livre I (p. 40, v. 2) :

Nous avortons ces chants au millieu des armées.

Les deux ou trois premiers livres purent se trouver terminés avant la mort de Henri III, être lus par Henri IV, et courir en manuscrit lors de la Ligue, qu'ils contribuèrent à ruiner, à ce que rapporte l'auteur en son *Hist. univ.* Le reste fut composé ou terminé sous le règne de Henri IV, ou même plus tard, ainsi que le dénotent les allusions qu'on y rencontre à des faits contemporains. D'Aubigné avait soixante-quatre ans lorsqu'il se décida, en 1616, l'année de la paix de Loudun, à publier son poëme, mais en employant le subterfuge d'un « larcin de Prométhée », c'est-à-dire en supposant la publication faite à son insu par un sien serviteur, qui lui aurait dérobé son manuscrit et l'aurait déchiffré tant bien que mal.

P. 6, l. 4. — Cette « édition seconde » a vu le jour (Voir l'Avant-propos, p. 11), et certaines lacunes (deffauts) y ont été en effet remplies par d'assez nombreuses additions (400 vers environ, intercalés çà et là dans les sept livres) : mais malheureusement l'auteur n'y a pas joint ces « quelques annotations » qu'il annonçait ici et dont il sentait déjà si bien lui-même l'utilité « pour esclaircir les lieux les plus difficiles ». Aussi a-t-il préparé à ses lecteurs, et aux Saumaises futurs, de terribles tortures.

P. 6, l. 18. — Ce *Traité de la douceur des afflictions* était considéré comme perdu, inconnu qu'il était des bibliographes, lorsqu'en 1856 M. F.-L. Fréd. Chavannes, me le signala et m'envoya d'Amsterdam la copie d'un exemplaire qu'il avait retrouvé. Je l'ai publié dans le *Bulletin de la Soc. d'Hist. du protest. franç.*, et à part, chez Aubry, avec une lettre de M. Lud. Lalanne, qui préparait alors une édition des *Tragiques*, et pour qui cette heureuse découverte était des plus opportunes. — Depuis lors un autre exemplaire du même opuscule m'a été signalé.

Il porte cette rubrique. *Imprimé nouvellement*, 1601, et présente des additions et des variantes. C'est donc une autre édition, jusqu'ici inconnue. — On y trouve deux passages du livre IV, et entre autres celui sur Jane Gray (V. tome II, p. 11), dont deux vers ont été, en effet, copiés textuellement par P. Marthieu, qui les applique à Marie Stuart :

Prisonnière ça bas, mais princesse là haut...
Changeant son royal throsne au sanglant échaffaut.

(*Tablettes de la Vie et de la Mort,* éd. de 1616, n° 41.)

P. 11, l. 24. — C'est la réitération de cette même promesse déjà faite, mais qui n'a malheureusement été tenue qu'en partie. Combien eussent été précieux pour nous ces commentaires de tous les points difficiles » qui nous renvoient « à une pénible recherche de l'histoire » ! Quelle lumière nous eût fournie une table « onomastique » faite par l'auteur !

P. 13, l. 17. — *Une pièce qui paroistra parmi les* Meslanges. — Ces *Meslanges* n'ont point paru, ou, s'il faut entendre par là les *Petites Œuvres meslées* qui furent imprimées en 1629, la pièce dont il est question n'y figure point. Mais d'Aubigné en a inséré *neuf* stances, qu'il appelle « Stances du style du siècle », dans le Corollaire de son *Histoire universelle* (III, 538, etc.). Ce tome III de l'*Histoire* est de 1620. La pièce entière, en 57 stances ou 354 vers, se trouve au British Museum, *Harleian mss.*, n° 1216, et a été publiée dans le *Bulletin de la Société d'Histoire protest.* en 1866, p. 226. Les citations faites ici sont des stances 46, 50, 52 et 54.

P. 15, l. 1. — Daniel Chamier, célèbre ministre huguenot (auteur du grand ouvrage de controverse intitulé: *Panstratia catholica*), sur qui j'ai publié en 1858 un volume de biographie documentaire, était né en 1564, et fut tué en 1621 par un boulet de canon qui l'atteignit au siège de Montauban.— J'avais déjà relevé ces deux sonnets à l'honneur de l'auteur des *Tragiques*, et constaté, en éclaircissant divers passages de d'Aubigné et du Journal de l'Estoile, plusieurs rencontres de Chamier avec d'Aubigné à Paris en 1607 et 1610. On comprend qu'ils se tenaient l'un l'autre en estime singulière. Plusieurs années après, j'ai découvert et déchiffré, non sans peine, parmi les brouillons presque illisibles qui font partie des manuscrits de d'Aubigné conservés dans la famille Tronchin, une belle épitaphe latine dressée en l'honneur de Daniel Chamier par l'auteur des *Tragiques*. Semblable à l'éloge de Simon Goulart, Senlisien, qui termine les *Petites œuvres meslées* de d'Aubigné (Genève, 1630), elle est encore inédite, et je la donne ici à titre de document curieux :

PALAM FIAT ET POSTERIS ET SÆCULIS S.

CHAMIERUS, *fidus Pastor et S, Theologiæ Professor, cum, Gallicæ Synodi mandato et delectu, suscepisset responsiones integras ad omnes controversiarum libros quos Cardinalis Bellarminus et 30 sociorum, qui Pontifici Maximo operas suas 25 annorum locaverant, immensis laboribus coegerat, cum singuli in singulos pugnarent, unus se omnibus composuit. Cumque ab penultima controversia in postremam pergeret, Mars iniquior eum flagrantem artium studio a polemicis litterariis ad obsidionis Montalbanicæ pericula et labores evocavit. Hic juvenibus, quibus in studiis militiæ sacræ præiverat, addens animos, animosus ipse, et inter tormentorum fumos et fulmina se ducem et præcursorem præbens, majoris katapultæ globo ictu occubuit.*

TH. AG. ALBINEUS, OLIM FIDUS FIDO COMES
IN NEGOTIIS PRO REP. CHRISTI
COLL. COLLEGÆ
SIMUL EXULTANS IN DEO
AT SECUNDUM
AFFECTUS
HUMA
NOS
M. P.

P. 21, v. 17 à 22. — *Tu déniaises son aisnesse,* c -à-d. tu *primes* l'ouvrage « déjà né de moi, tout à la fois pire et plus heureux » : tu es publié avant lui. — Allusion de d'Aubigné aux vers (encore aujourd'hui inédits) qu'il avait composés sept ans auparavant, lorsqu'il était amoureux de Diane, fille de Salviati, sieur de Talcy. Il en fit plus tard un recueil que, dans ses *Mémoires,* il appelle son *Printemps* (comme plus tard aussi il nomma son *Hiver* un petit nombre de pièces publiées dans les *Petites œuvres meslées,* 1629). — Il y a dans les *Tragiques* d'autres allusions à ces mêmes poésies d'amour, ses premiers-nés, qu'il condamnait alors. Voir ci-après, p. 39, v. 15, et p. 90, v. 25; voir aussi, tome II, p. 108, v. 15, un souvenir du temps où il avait été « recueilli à Talcy », presque mourant.

P. 23, v. 17. — *Vallons d'Angrongne,* une des vallées du Piémont, où furent si cruellement persécutés, en 1560, les Vaudois qui s'y étaient réfugiés. (Voir ce qui est dit ci-dessus, p. 3, l. 11, d'un vieil pasteur d'Angrongne. — Voir aussi tome II, p. 82, v. 6.)

P. 26, v, 15. — *Purent les chiens..* Pour *repurent* (de (de *paître*) : var. de notre ms., au lieu de *furent,* qui n'avait pas de sens.

P. 30, v. 25. — Voir ce qui est dit ci-dessus, p. 11, sur cette stance et sur ce qui suit.

P. 39, v. 15. — Voir la note ci-dessus, sur p. 21, v. 17 à 22.

P. 40, v. 21. — M. Lalanne nous a signalé, en 1860, le sonnet suivant, daté de 1576, qu'il venait de trouver dans un manuscrit de la Bibliothèque nationale (collect. Gaignières, 566, 1, 4) :

La France alaicte encor deux enfans aujourd'huy,
Dont l'un à ses deux mains tient les bouts de sa mère,
Et à grands coups de pieds veut empescher son frère
D'avoir sa nourriture aussi bien comme luy.

*Le plus jeune, fasché d'avoir jeusné meshuy,
Se deffend, affamé, et tous deux, en cholère,
S'arrachent les deux yeux. Lors, ô douleur amère !
La mère perd son laict et sustance, d'ennuy ;*

*Elle vole des mains aux cheveux et aux tresses,
Et dit à ses deux fils, les regardant en pièces :
« O malheureux enfans, d'exécrable nature !*

*Vous m'ostez donc le laict qui vous a alaicté !
Vous polluez de sang mon seing et ma beauté !
Vous n'aurez que du sang pour vostre nourriture. ».*

Rapprochant ce sonnet anonyme du passage des *Tragiques* dont il s'agit ici, M. Lalanne n'hésitait pas à l'attribuer à d'Aubigné. (*Bull. de la Soç. d'Hist. du Protest. franç.*, IX, 393.)

P. 41, v. 6. — *Besson*, jumeau (*bis — son*).

P. 42, v. 22. — *Discrasie*. L'édition Jannet dit en note : « Probablement : dissension, du grec διxρατής, qui est gouverné par deux chefs ». M. Mérimée n'admettait pas cette explication. C'est, en effet, au grec qu'il faut recourir, mais à celui d'Hippocrate. Le dictionnaire de Littré nous dit bien : « *Dyscrasie* δυσxρασία, δυς, mal xρασίς, mélange), mauvais mélange des humeurs, mauvaise constitution. »

P. 43, v. 10. — *Bourde*, béquille, Dans une épigramme du *Baron de Fœneste* (l. II, ch. 5), d'Aubigné joue sur ce mot. Il l'emploie dans ce sens et dans celui de fadaise (ital. *burla*, moquerie, *bourle* ou bourde). « Bons contes, bourdes vraies », dit-il encore dans *Fœneste* (l. II, ch. 14, et préf. du livre III).

P. 44. v. 9. — *Authochyre : manu propria*, du grec αυτόχειρ. (V. aussi tome II, p. 31, v. 25.

P. 44, v. 10. — Vaincre *à la cadméenne*, à la façon de Cadmus, qui tua le dragon, mais vit s'entre-tuer les hommes nés des dents du monstre qu'il avait semées sur la terre. (V. aussi tome II, p. 70, v. 28.)

P. 46, v. 27. — *L'argolet,* pour argoulet, cavalier armé, ou carabin, chevau-léger, soldat pillard ; synonyme de *coupe-jarret*, dans la Dédicace de la *Confession de Sancy.*

P. 48, v. 18. — *Allouvis*, ayant faim comme des loups. (Voir aussi p. 50, v. 5, et p. 59, v. 17.)

P. 49, v. 27. — *Crottons*, vieux mot, pour *cachots.* (V. aussi tome II, p. 46, v. 8; p. 61, v. 22 ; p. 148, v. 12.)

P. 50, v. 9. — *Cimois*, cordons, lisières d'enfant. (Voir aussi p. 55, v. 25.)

P. 55, v. 2. — *Partir*, pour répartir, partager.

P. 56, v. 25. — *Il pousse trois fumeaux*, c'est-à-dire fumées, ou haleines, respirations. « Les hocquets et derniers fumeaux » (de la vie), dit d'Aubigné dans son Éloge de Simon Goulart, *Petites Œuvres meslées*, p. 175.

P. 57, v. 18. — *Le rideau de Timante*, le voile que le peintre grec de ce nom jeta sur le visage d'Agamemnon, pour exprimer qu'il se sentait impuissant à rendre la douleur du père prêt à sacrifier sa fille.

P. 8, v. 21. — C'est peut-être un des endroits dont il est question ci-dessus, dans l'avis aux lecteurs, p. 10 : « prédictions de choses avenues avant l'œuvre clos, que l'auteur appeloit en riant ses *apophéties* » (prophéties faites après coup) ; mais il se peut aussi qu'il ait écrit ces vers « avant la chose avenue », à l'adresse du roi de Navarre, qui lisait les *Tragiques* en manuscrit.

P. 59. v. 15. — *Au rumeau*, c'est-à-dire *in extremis ;* familièrement : au bout du rouleau.

P. 59, v. 16. — *On l'abeche* avec l'eau. Abéquer, c'est donner la becquée, on lui met de l'eau aux lèvres avec un bout de plume. (Voir aussi p. 183, v. 12.)

P. 60, v. 1. — *Aux forains :* aux étrangers.

P. 61, v. 28. — *Bée douteusement.* Baye, reste là, bouche béante. Du vieux verbe *béer,* aujourd'hui *bayer.*

P. 63, v. 2. — *Lousche* : borgne, douteux, obscur (*luscus*). Dans ses *Instructions à ses filles* (manuscrit de la collection Tronchin, encore inédit), d'Aubigné dit, au sujet de deux livres qu'une dame de Saintonge lui avait fait faire : « L'autre estoit des comettes, qu'elle me contraignit d'escrire sur l'explication de ce distique qui est aux *Tragiques* :

> *Ce comette menace, et promet à la terre*
> *Lousche, pasle, flambant, peste, famine ou guerre.* »

Malheureusement d'Aubigné déclare que ces deux livres ont été perdus.

P. 63, v. 3. — *A ces trois...* calamités.

P. 63, v. 14. — *Parangon,* modèle, type de comparaison, du grec παράγειν.

P. 66, v. 10. — Consoleront tes *plains...* ou *plaints...* pour *plaintes.*

P. 66, v. 13. — Notre manuscrit supprime ici un vers qui, répétant le mot *teste,* triplait la rime féminine. C'était un rajoutage défectueux de la seconde édition, qui se trouve ainsi régularisé. (V. éd. Jannet, p. 56, v. 8.)

P. 68, v. 20. — *Accravante,* pour *aggravante* : écrasant.

P. 68, v. 25. — *Arc-boutant qui fulcre* : c'est-à-dire qui étaye, de *fulcrum,* support.

P. 68, v. 25 à 28. — Vers nouveaux fournis par notre ms.

P. 70, v. 7. — *Leurs tais.* Aujourd'hui *test,* ou *têt,* crâne. (Voir aussi huit vers plus loin.)

P. 70, v. 19. — *Céraste,* serpent à cornes, de κέρας.

P. 71, v. 12. — *D'efficace d'erreur* : par la vertu, l'efficacité, le pouvoir de l'erreur.

P. 76, v. 12. — *Au roole des juments.* Dans le sens littéral du latin *jumenta*, bêtes de somme, bêtes de joug.

P. 77, v. 9. — *Naims,* pour *nains.*

P. 78, v. 26. — Fermes sur leur *rondelle,* fond de cuir des haut-de-chausses, ici pour signifier : fermes sur leur *derrière.*

P. 79, v. 7 et 8. — Vers nouveaux fournis par notre ms. (Il y avait ici quatre rimes fém. à la suite.)

P. 84, v. 10. — On dresse quelque *fuye.* Fuie, refuge, ou petit colombier pour les pigeons. Du latin *fuga.*

P. 84, v. 28. — D'os de morts *asserrez.* Variante de notre ms. Ailleurs, *massacrez.*

P. 89, l. 1. — Le prince de Condé (le fils), qui n'aimait pas d'Aubigné, suggéra au duc d'Epernon de lire les *Tragiques* et lui exposa le sujet du second livre comme écrit pour luy. « D'où celui-ci jura la mort de l'autheur, comme aussi elle fut pratiquée de là et d'ailleurs en plusieurs façons. » (*Mém.* de d'Aubigné, p. 123, éd. Lalanne.)

P. 90, v. 12. — *Veritas, sicuti virtus,* — *laudatur et alget.* (Horace.)

P. 96, v. 6. — *Et, propter vitam, vivendi perdere causas!* (Juvénal.)

P. 99, v. 1. — *Change un pseaume en chanson.* Florimond de Rœmond rapporte que Henri II avait adopté le psaume *Ainsi qu'on oyt le cerf bruire,* qu'il chantait à la chasse, sans doute sur un air de fanfare ; que Diane de Poitiers avait pris pour elle, c'est-à-dire pour son royal amant, le psaume *Du fond de ma pensée,* qu'elle chantait en volte (sorte de valse); que la reine avait choisi *Ne veuillez pas, ô Sire,* qu'elle chantait sur le « chant des bouffons ». *Hist. de la naissance de l'Hérésie,* 1610, in-4, p. 1043.

P. 99, v. 11. — *Refronché*, renfrogné.

P. 105, v. 7. — *Courbeaux* enfarinez : variante, *Corbeaux*.

P. 105, v. 28. — *Forçaires*, c'est-à-dire *forçats*.

P. 110, v. 8. — M. Lalanne dit ici en note qu'il a dû renoncer à trouver de ce vers une explication satisfaisante. Il nous semble qu'en voici une plausible et que facilite d'ailleurs une correction due à notre manuscrit : selon une ancienne croyance populaire, le castor poursuivi coupait avec ses dents le sac contenant le parfum auquel en voulait le chasseur ; de même, le riche sauve sa vie au moyen de son or, qu'il abandonne ou qu'on lui enlève, pour le distribuer aux courtisans et aux favoris.

P. 115, v. 2. — Inadvertance de l'auteur : quatre rimes masculines se suivant.

P. 115, v. 3. — Vers substitué par notre ms. à celui des éditions précédentes.

P. 119. v. 8. — De petits *Olinvilles*. La terre d'Olinville, près d'Arpajon (Seine-et-Oise), où Henri III fit bâtir un château. Ici pour maison de plaisance et de débauche. (Voir aussi p. 118, v. 8.)

P. 101, v. 19. — *Chicot* et *Hamon* : le premier, bouffon aimé de Henri III ; le second, austère précepteur de Charles IX, martyrisé pour cause de religion. Ils sont ici pris pour types de ceux que les Nérons ont en amour et en haine.

P. 119, v. 24. — *Rara temporum felicitate, ubi sentire quæ velis et quæ sentias dicere licet.* (Tacite, *Hist.*, I.)

P. 124, v. 13. — *Marmiteux*, gens à l'air piteux, gueux.

P. 125, v. 22. — *Des garces du Hulleu*, c'est-à-dire de la rue du *Grand* ou du *Petit-Hurleur* (qu'on prononçait *Huleu* par corruption), rue, comme celle du *Cœur-Volant* et autres, consacrée aux filles de mauvaise vie. — Par suite d'une singulière *coquille* (ou métathèse), d'où résulte ici une étrange antiphrase, les trois éditions antérieures portent *graces* au lieu de *garces*, que donne dûment notre manuscrit. L'errata de notre texte pour l'édition de 1616 (p. 212) ne relève pas ce mot (V. 1re édition), tandis qu'il corrige le même mot pareillement estropié (V. 1re édition) au vers : *Voilà pour devenir grace du cabinet* (p. 135 de notre édit., v. 26).

P. 117, v. 6. — « *Saint François* et frère *Macé*, son mignon », sont donnés comme patrons des Cordeliers de Paris, dans la *Confession de Sancy*, au livre I, ch. 2, *Des Traditions*, et ch. 7, qui traite *per ironiam* « Des reliques et dévotions du feu roy » Henri III.

P. 127, v. 11. — *Pasquils*, brocards très piquants, épigrammes, placards satiriques, pamphlets. — D'Aubigné était passé maître sur cet article. — L'Estoile dit *pasquiller* pour *brocarder*.

P. 128, v. 13 à 17. — Vers nouveaux fournis par notre ms.

P. 128, v. 28. — *Carmes*, vers, chants, *carmina* : un de ces mots du vieux vocabulaire employé par Ronsard et répudié par Malherbe.

P. 129, v. 17. — *Morgans*, fiers, arrogants, ayant de la morgue.

P. 129, v. 27. — *S'il trousse l'épigramme ou la stance bien faicte.* — Vers tout à fait digne de l'humoristique d'Aubigné et qui lui est bien applicable. Nul ne « troussait » mieux l'épigramme, le quatrain satirique, le pasquil, à tout propos. Combien ont couru de quatrains anonymes, qui étaient de lui! Il en a semé partout dans ses écrits, et j'en ai rencontré beaucoup d'inédits et de bien salés parmi ses papiers posthumes. — On lui a parfois rendu la pareille, témoin le quatrain, dans son genre, qu'une main inconnue a anciennement tracé sur la garde d'un exemplaire de l'édition de 1616, appartenant aujourd'hui à M. William Martin :

> *La vérité est dans ce livre,*
> *Mais il se faut bien engarder*
> *De la voloir à chascun dire,*
> *Sous peine de trop s'azarder.*

P. 130, v. 4. — *Sallain-bardelle* : de la force d'un écuyer de profession dans le sens de *saute-en-selle*. Mot formé de l'italien, comme *saltimbanque*. *Bardelle* est une sorte de selle.

P. 131, v. 20. — *Rezeul*, réseau, vêtement à mailles.

P. 134, v. 19 à 24. — Notre ms. donne ces cinq vers conformément à la seconde édition, tandis que la première n'avait ici qu'un seul vers :

Pour sembler vertueux, comme un singe fait l'homme.

P. 137, v. 21. — Les soixante-quatorze vers qui suivent furent ajoutés à la seconde édition. Ils se retrouvent dans les *Petites œuvres meslées*, p. 161, sous ce titre : *Imitation d'un Italien*. Reste à savoir quel italien d'Aubigné a imité.

P. 139, v. 6. — *Sans fisson*, sans aiguillons, sans dards. (Voir aussi p. 140, v. 12 ; et tome II, p. 168, v. 28).

P. 139, v. 18. — *Baume secoux* : baume qu'on secoue sur la tête.

P. 139, v. 22. — *Picquons*, épines.

P. 140, v. 12 et 15. — *Psylles*, charmeur de serpents en Afrique : de Ψύλλος.

P. 141, v. 14. — Ici quatre vers de la 2ᵉ édition sont retranchés par notre manuscrit :

> *Ne porte envie à ceux de qui l'estat ressemble*
> *A un tiede printemps, qui ne sue et ne tremble.*
> *Les pestes de nos corps s'eschauffent en esté,*
> *Et celle des espritz en la prospérité.*

P. 141, v. 21. — Ce vers et les sept suivants sont fournis par notre ms.

P. 142, v. 7. — *Anange* : Ἀνάγκη, la Nécessité.

P. 155, v. 11. — *Matras*, matelas. Encore aujourd'hui en anglais *matrass*. (Voir aussi p. 166, v. 16.)

P. 157, v. 8. — *Omnia serviliter pro dominatione.* (*Tacite.*)

P. 157, v. 15. — Notre ms. donne *estripper*, au lieu d'*estriper*. C'est ôter les trippes d'un animal qu'on éventre, dit bien le Dictionnaire de Trévoux ; mais il a tort d'ajouter que ce mot vient d'*extirpare*.

P. 157, v. 22. — Huit vers, supprimés ici dans notre ms., se retrouvent aux Additions. (V. t. II. p. 131.)

P. 159, v. 24. — *Astorge*, dur, insensible, ἄστοργος. (Voir aussi p. 167, v. 23 ; et tome II, p. 87, v. 21 ; p. 202, v. 20.)

P. 160, v. 4 :

. . . . . . *L'ignorance*
Ride son front estroit, offusqué de cheveux,
Présents des courtisans, la chevesche du reste...

Chevesche, aujourd'hui *chevèce*, espèce de chouette, signifiait aussi dans l'ancien français, *tête, capuchon, capuce*. C'est là qu'il faut sans doute chercher le sens de ce vers très obscur.

P. 162, v. 1. — *Berlan*, brelan par métathèse.

P. 162, v. 10. — *Le vent se joue en l'air du mot* IRRÉVOCABLES... Ne semble-t-il pas que d'Aubigné pressentît la révocation de l'*irrévocable* Edit de Nantes ?

P. 163, v. 3. — *Porque*, porc au féminin, truie.

P. 164, v. 25. — Après le nom de *Thurin* dans l'édition de 1616 (la première), est un tiret qui laisse le vers inachevé. Il en est de même des trois vers suivants et du premier hémistiche du quatrième, qui se termine par : *et autres que je laisse.* Ces blancs ont disparu, sans être remplis, dans la seconde édition ainsi que dans notre manuscrit.

P. 164, v. 26. — *Immunes de ces maux* : exempts, du latin *immunes.*

P. 165, v. 5. — *Le noir Théta qui tue.* Ce mot *Théta*, que donne notre ms , était omis dans les éditions antérieures et cette omission rendait le vers faux et inintelligible. Il est évident que c'est ici le *Théta*, lettre initiale de Θάνατος (la mort), et qui la symbolise.

P. 166, v. 24. — *Sambenitz*, san-bénito (de l'espagnol) : sac béni, vêtement expiatoire, sac jaune dont l'Inquisition affublait ses victimes pour les supplicier.

P. 167, v. 11. — Les édit. antér. et notre ms. portent *quelque plus vieil soldat*, ce qui rime mal aujourd'hui avec *etendart*. On a admis *soudard*, que donne une correction ancienne, faite à la main sur l'exemplaire de la Bibliothèque de l'Arsenal ; mais il eût peut-être été préférable d'adopter *soldart*, qui se disait alors. En 1605 parut un pamphlet intitulé : *l'Anti-Soldart*.

P. 167, v. 24. — *Tetric*, sombre, lugubre, *tetricus.*

P. 168, v. 27. — *Ces doctes brigands...* Ne dirait-on pas, en vérité, que d'Aubigné avait comme un pressentiment de l'invasion ne 1870 et qu'il voulait rimer à *Allemands* ?... Justement un poëte parlait naguère de ces *savants bandits*, sans se douter que l'auteur des *Tragiques* l'avait prévenu, il y a trois siècles, avec ses *doctes brigands.*

P. 171, v. 11. — *Exoines*, excuses légitimes, certificats d'impossibilité de comparoir en justice.

P. 174, v. 8. — *De l'arée*, de la charrue, du labourage, *arare, aratrum.*

P. 174, v. 27. — *Les lis en pillules changer.* Les armes

de France changées contre celles des Médicis, qui portaient d'or à cinq boules (*pillules*) de gueules.

P. 171, v. 1. — Au lieu des quatre vers qui précèdent, et qui sont de la seconde édition, il n'y avait dans l'édition de 1616 que ce vers-ci, avec cette variante :

Dans ces justes cerveaux, *entre ces mains fidèles,* etc.

P. 176, v. 2. — *Abria,* abrita, couvrit. (V. aussi t. II, p. 13, v. 5.)

P. 176, v. 24. — *Hasmal,* mot hébreu : ambre, *electrum.*

P. 178, v. 17. — *Chevestre,* licou, *capistrum.*

P. 180, v. 26. — Les dix vers suivants de la 2e édition sont absents de notre manuscrit, mais figurent aux Additions (V. tome II, p. 208).

P. 181, v. 3. — Ces huit vers se retrouvent, cités par l'auteur, dans une « Méditation sur le psaume 84 », publiée aux *Petites œuvres meslées,* p. 35. — Le sixième :

Qui fit un tribunal d'un funeste échaffaut

présente seul une variante : *céleste,* au lieu de *funeste.*

P. 181, v. 18. — *Oüeilles,* pour *ouailles,* brebis.

P. 181, v. 21. — *Dorne,* le tablier, le devant de la robe d'une vierge, où, selon une légende, vient s'endormir la licorne (il s'agit ici des armes d'Angleterre). *Dorne* est un mot poitevin. (Voir l'*Avis aux lecteurs,* p. 8, l. 4.)

P. 181, v. 26. — *Exercites,* armées, *exercitus.*

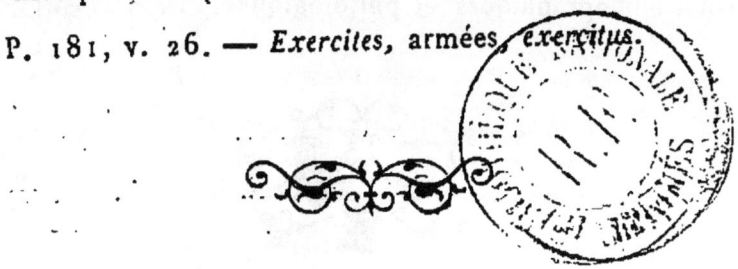

TABLE DES MATIÈRES

DU TOME PREMIER

Avant-propos...............................	1
Sommaire des sept Livres des *Tragiques*.........	xxxi
LES TRAGIQUES, donnez au public par le larcin de Prométhée.................................	1
Prométhée aux Lecteurs.......................	3
Deux Sonnets de Daniel Chamier, pour mettre au devant des livres des *Feux* et des *Jugements*.....	15
Sonnet qu'une princesse écrivit à la fin des *Tragiques*.	16
Préface. — L'Autheur à son Livre.............	19
Livre I. — Misères.......................	35
Livre II. — Princes.......................	87
Livre III. — La Chambre dorée..............	145
Notes bibliographiques et philologiques.........	185

PARIS

IMPRIMERIE DE D. JOUAUST, L. CERF SUCC^r

12, RUE SAINTE-ANNE

www.ingramcontent.com/pod-product-compliance
Lightning Source LLC
Chambersburg PA
CBHW062233180426
43200CB00035B/1720